Roland Motz

# Spanisch für Lateinamerika in letzter Minute



ÜBERFLIEGER

Ein Sprachführer für Kurzentschlossene

Rowohlt

rororo

Inhalt

UNIDAD PATRIOTICA
DEL PUEBLO
FRANK
VARGAS
ENRIQUE
13
AYALA

# Vorwort

Sprachforscher schätzen, daß es auf der Erde über 4000 selbständige Sprachen gibt, die Hälfte davon ist klassifiziert. Wer mehr als drei Fremdsprachen kann, der wird landläufig bewundert: «Dem fliegt das halt zu» ist die gängige Erklärung. Doch Sprachenlernen ist – außer für Kinder – auch mit Arbeit verbunden. Wir glauben nicht an Zauberei, um ein mehr oder weniger intensives Training kommen nur Genies herum.

Die ***Überflieger***-Sprachführer bieten einen schnellen ersten Zugang zu anderen Sprachen. Sie vermitteln das Allerwichtigste – das, was jeder in den ersten Tagen und Wochen sagen und verstehen muß, wenn er sich nicht stumm, taub und verunsichert durch das fremde Land bewegen möchte. Sie schleifen das notwendigste Wissen mit einer ausgefeilten Methode ein. Denn es genügt nicht, wie dies die Mehrzahl der Sprachführer tut, fertige Sätze und Wortlisten zu servieren. Die meisten Lernwilligen fühlen sich da zu Recht im Stich gelassen. Der Stoff muß gekaut und verdaut werden. Wer eine andere Sprache lernt, dem muß ein neues Wort etwa dreizehnmal begegnen, bis es in seinen aktiven Wortschatz eingeht. Den Weg dahin wollen wir für den Anfang verkürzen.

Damit aber keine falschen Erwartungen aufkommen: Die Zeitung richtig zu lesen oder sich über die Rollenverteilung von Mann und Frau in einer Gesellschaft zu unterhalten erfordert ein Sprachvermögen, das sich erst in Monaten oder Jahren einstellt. Schlagen Sie die erste Lektion auf, legen Sie die Cassette ein, ziehen Sie sich die Kopfhörer über und legen Sie los. Scheuen Sie sich nicht, den Stoff dreimal oder viermal durchzukauen und die Aussprache etwas zu übertreiben – das hilft bestimmt.

***Spanisch für Lateinamerika in letzter Minute*** bringt Ihnen rund 300 Wörter und Wendungen bei und versorgt Sie mit den wichtigsten landesspezifischen Besonderheiten der spanischen Sprache. Es stellt sie in einen Zusammenhang, sorgt durch wiederholtes Üben dafür, daß sie sich einprägen und gibt darüber hinaus noch nützliche Informationen und kulturelle Tips für den Aufenthalt zwischen dem *Río Bravo del Norte* und der *Tierra de Fuego*. Wo immer Sie auf dem riesigen Kontinent aus dem Flugzeug steigen, werden Sie anfangen zu verstehen und bald auch selbst verstanden werden. Interessiert, freundlich und vor allem höflich und hilfsbereit sind viele Lateinamerikaner. Mit *¿Me entiendes?* – Verstehst du mich?, vergewissern sie sich häufig, ob man ihren Worten folgen kann. Trauen Sie sich ruhig, selbst zu sprechen, so unsicher Sie sich auch am Anfang fühlen mögen. Die Lateinamerikaner sind in aller Regel geduldige Zuhörer.

Karte

## Die spanischsprechenden Länder Lateinamerikas

# Gebrauchsanweisung

## Vorab

Mit diesem Buch lernen Sie rund 300 Wörter und Wendungen, die in verschiedene Themen gepackt sind. Jedes Thema besteht aus drei Lektionen und einer Zusammenfassung zum Wiederholen und Vertiefen.

Blättern Sie das ganze Buch einmal durch, und machen Sie sich den Aufbau klar:

1. Hinweise zur Aussprache
2. Fünf Themen mit fünfzehn Lektionen
3. Lösungen der Übungen und Tests
4. Kurzgrammatik
5. Wörterbuch Spanisch – Deutsch

## Die Bedeutung der Zeichen

(1)-(15)

Diese Zahlen stehen für die einzelnen Lektionen. Planen Sie für jede Lektion einen Tag. Nach ungefähr zwei Wochen sollten Sie also den wichtigsten Lernstoff des Buches durchgearbeitet haben. Selbst wenn Sie dann nicht alles aktiv beherrschen, werden Sie das meiste doch wiedererkennen und verstehen.

Nach drei Lektionen wird das neu Gelernte vertieft, ergänzt und abgefragt. Das (Z) steht für Zusammenfassung.

Lernen läuft nicht nur übers Lesen, sondern auch übers Hören. Was den einen Lerntyp vom anderen unterscheidet, ist die Gewichtung: mehr Lesen oder mehr Hören. Wir bieten beide Möglichkeiten, denn zum Buch gibt es die Cassette. So kann jeder selbst wählen, ob er Wörter und Dialoge zuerst liest oder hört. Als Hörverständnis-Training gibt es immer Übungen auch von der Cassette.
Wenn Sie keine Cassette zur Hand haben, dann treiben Sie einen Muttersprachler oder einen Sprachkundigen auf, der Ihnen ordentlich vorspricht.

In den Kästchen mit der Glühlampe finden Sie Mechanismen, nach denen bestimmte Elemente der Sprache (Verben, Mehrzahl, Artikel ...) funktionieren. Wir haben bewußt auf grammatikalischen Ballast verzichtet. Nicht, daß Grammatik überflüssig wäre: Wenn Erwachsene eine Fremdsprache lernen, dann hilft die Grammatik dabei, das System der anderen Sprache schneller zu begreifen. Sie sollen sich hier aber vor allem im Kommunizieren (sich mitteilen, verstehen, in einer bestimmten Situation etwas ausdrücken ...) üben. Wer tiefer in die Grammatik einsteigen möchte, der findet im Anhang eine Übersicht mit den wichtigsten Regeln.

Das Kästchen mit dem Koffer steht für «Kulturgepäck». Gemeint ist die Alltagskultur. Hier finden Sie hilfreiche Informationen für einen Aufenthalt in Lateinamerika und für den Zugang zu Land und Leuten.

# Gebrauchsanweisung

## Der Aufbau der Lektionen

**Lesen**

Am Anfang steht ein deutscher Text zum **Lesen** mit wissenswerten Informationen rund um das Thema.

**Lernen**

Unter **Lernen** folgen die bisher unbekannten Wörter mit ihrer Übersetzung. Hören Sie sich die Wörter nach Möglichkeit auf der Cassette an und sprechen Sie sie nach. Wiederholen Sie das ein paarmal, damit Sie sich die meisten Wörter einprägen.

**Reden**

Sie verstehen jetzt die neuen Wörter und nehmen sich im Abschnitt **Reden** die Dialoge vor. Kinderleicht, denn es kommt ja nichts Neues, dafür stehen die Wörter aber im Zusammenhang, gerade so, wie sie einem meist begegnen. Hören Sie die Dialoge ein paarmal an und lesen Sie sie, prägen Sie sich dabei die Wendungen ein, die für die jeweilige Situation wichtig erscheinen.

**Üben**

Unter dem Stichwort **Üben** steht, was dieses Buch von anderen Sprachführern unterscheidet. Sie werden nicht mit Wörtern, Sätzen und Dialogen allein gelassen, sondern haben Gelegenheit, den auf das Allerwichtigste beschränkten Stoff einzuüben, geradeso wie in einem dicken Lehrbuch. Die mit einem Cassetten-Symbol gekennzeichneten Übungen können Sie wahlweise mit Buch oder Cassette ausführen.

## Die Zusammenfassung der Themen

**Alle Wörter**

Hier finden Sie, verschnürt in kleine Portionen zum Pauken, alle Wörter der drei letzten Lektionen, diesmal andersherum: deutsch – spanisch.

**Länderservice**

Auf diesen Seiten finden Sie besondere Informationen zu einigen Ländern Lateinamerikas.

## Gebrauchsanweisung

**Hier fehlt's**

Der Lückentext bringt noch einmal einen Querschnitt der Dialoge mit auszufüllenden Lücken.

**Hier steht's**

Dieser Text enthält alles, was im Lückentext fehlt. Sie können sich diesen Dialog auch von der Cassette anhören und dann die Lücken ausfüllen.

**Prüfstand**

Zum Abschluß gibt es einen Wiederholungstest, der nochmals den wichtigsten Lernstoff abfragt und einschleift. Wenn Sie gut abschneiden wollen, dann müssen Sie auch die **Lesen**-Texte am Anfang der Lektionen aufmerksam durchlesen, sie werden nämlich ebenfalls abgefragt.

### Das Angebot im Anhang

**Kurzgrammatik**

Die **Kurzgrammatik** ist für alle, die es genauer wissen wollen, die ein Minimum an Theorie brauchen, um gezielter zu lernen. Man kann hier nachschlagen, wie zum Beispiel die Mehrzahl gebildet, wie ein Verb konjugiert oder ein Befehl ausgedrückt wird. Das Wichtigste an Theorie ist aber in den jeweiligen Lektionen schon erklärt.

**Schlüssel**

Der **Schlüssel** bringt die Lösungen aller Übungen und Tests und dient der Selbstkontrolle.

**Wörterbuch**

Das spanisch-deutsche **Wörterbuch** enthält, über die in den Lektionen gelernten Vokabeln hinaus, unbekannte Wörter, die Ihnen auf Schildern, Speisekarten, in Zeitschriften, auf Tickets, Reklametafeln, in den Medien oder wo auch immer begegnen mögen.

# Aussprache und Betonung

Diese Seite brauchen Sie nicht zu pauken. Die Erklärungen sollen Ihnen dann helfen, wenn Sie nicht wissen, wie ein bestimmter Laut ausgesprochen wird.

## Aussprache:

**Die spanischen Vokale (a, e, i, o,u) werden meist kurz gesprochen**

| geschrieben: | gesprochen: | auf deutsch |
|---|---|---|
| casa | [kassa] | Haus |
| dinero | [dinnero] | Geld |

**Man unterscheidet zwischen hellen (e, i) und dunklen (a, o, u) Vokalen. Je nachdem werden «c» und «b» vor dem Vokal anders gesprochen:**

| geschrieben: | gesprochen: | auf deutsch |
|---|---|---|
| ce, ci | [ße, ßi]<br>wie ein scharfes **s** | |
| cár**ce**l | [kar**ße**l] | Gefängnis |
| bi**ci**cleta | [bi**ßi**kletta] | Fahrrad |
| ca, co, cu | [ka, ko, ku] | |
| **ca**sa | [**ka**ssa] | Haus |
| **co**la | [**ko**la] | Schwanz |
| **cu**rva | [**ku**rba] | Kurve |
| ge, gi | [che, chi]<br>wie deutsch **ch** in Buche | |
| gara**ge** | [gara-**che**] | Garage |
| **gi**tano | [**chi**-tano] | Zigeuner |
| ga, go, gu | [**ga, go, gu**] | |
| **ga**na | [**ga**-na] | Lust |
| **gu**sto | [**gus**-to] | Geschmack |
| **go**ma | [**go**mma] | Gummi |

**Leicht zu verwechseln: «v» und «b». Beide werden ziemlich gleich ausgesprochen, irgendwie, wie ein Mitteldding aus «v» und «b»:**

| | | |
|---|---|---|
| valor | [**b**alor] | Wert |
| **b**arco | [**b**arco] | Boot |

**Das «r» wird gerollt, am Wortanfang doppelt. Bayern haben´s da leichter.**

| | | |
|---|---|---|
| hora | [ora] | Stunde |
| **R**oberto | [**rr**oberto] | |
| j | [ch] | |
| **J**osé | [**ch**-osseh]] | |
| **J**ulio | [**ch**-uljo] | |
| y | [i] | und |

**«h» wird gar nicht gesprochen:**

| | | |
|---|---|---|
| **h**otel, | [otell] | Hotel |
| **h**ombre | [ombre] | Mensch |

**Doppelte Vokale werden getrennt gesprochen:**

| | | |
|---|---|---|
| **Eu**ropa | [**e-u**ropa]] | Europa |
| **oe**ste | [**o-e**ste] | Osten |

**«ch» und «ll» gelten als jeweils eigene Buchstaben und werden im Alphabet gesondert aufgeführt:**

| | | |
|---|---|---|
| ch | [**tsch**] | |
| **ch**ico | [**tsch**iko] | Junge |
| mu**ch**a**ch**o | [mu**tsch**a**sch**o] | Junge |
| ll | [j] | |
| **ll**ego | [**j**ego] | ich komme an |
| Truji**ll**o | [truchi-**j**o] | peruanische Stadt |

## Die Betonung:

**Welche Silbe des Wortes wird betont:**

**1. die letzte aller Wörter, die mit einem Konsonanten enden, außer auf -n oder -s**

| | | |
|---|---|---|
| geschrieben: | gesprochen und betont: | |
| David | [dav**ii**] | |
| hotel | [ot**ell**] | Hotel |
| profesor | [profess**o**r] | Lehrer |
| capaz | [kap**a**ß] | fähig |

**2. die vorletzte aller Wörter auf Vokal und -n und -s**

| | | |
|---|---|---|
| chico | [tsch**i**ko] | Junge |
| muchacha | [mutsch**a**tscha] | Mädchen |
| joven | [ch**o**benn] | jung |
| naranjas | [nar**a**nchass] | Orangen |

**3. die vorvorletze und was von 1. und 2. abweicht, muß durch einen Akzent gekennzeichnet sein:**

| | | |
|---|---|---|
| adiós, nación | [adj**o**ss]; [naßj**o**nn] | tschüs, Nation |
| teléfono, música | [tel**e**fonno]; [m**u**sika] | Telefon, Musik |

# ¿Oye, cómo va?

## Hallo, wie geht´s?

Zwischen dem mexikanischen Tijuana an der Grenze zu den USA und dem 8000 Kilometer entfernten Ushuaia in Feuerland leben in 19 verschiedenen Staaten rund 300 Millionen Menschen, die bei aller Unterschiedlichkeit eines gemeinsam haben: Sie sprechen Spanisch. Zählt man die auf der iberischen Halbinsel lebenden 40 Millionen Spanier und die vorwiegend im Süden der USA lebenden *hispanos* hinzu, wird klar, daß Spanisch nach Englisch die Weltsprache ist.

Ein gutes Stück Eurozentrismus steckt in der von spanischen Sprachwissenschaftlern erhobenen Behauptung, die Sprachunterschiede zwischen México und Chile zum Beispiel seien geringer als die zweier asturischer Nachbargemeinden in den Picos de Europa (vom Baskenland, Katalonien und Galizien einmal ganz abgesehen). Aber die Kernaussage stimmt zur Freude aller Amerikareisenden: Die Gemeinsamkeiten sind so groß, daß man vom lateinamerikanischen Spanisch sprechen kann. Man versteht sich von Nord

bis Süd. Wie unter guten Nachbarn üblich, kann es trotzdem sein, daß den jeweils anderen die Argentinier als arrogant, die Mexikaner als korrupt, die Kolumbianer als gewalttätig, die Peruaner als faul gelten können. Gleichzeitig gebietet der Nationalstolz zu betonen, daß im eigenen Land der schönste Fußball gespielt, der wohlschmeckendste Kaffee angebaut, die besten Bananen geerntet und das reinste Spanisch gesprochen werde. Die Kubaner als echte Insulaner versteifen sich gar zu der Behauptung, ihr Spanisch ähnele dem, das früher auf Mallorca gesprochen wurde. (Heute spricht man dort ja bekanntlich Deutsch.)

Wie dem auch sei, alle Lateinamerikaner sagen, sie sprächen *castellano*, also Kastilisch, und nicht Spanisch. *¿Hablas castellano?* - und nicht *¿hablas español?*, lautet eine der ersten Fragen, die jeder Südamerikareisende zu hören bekommt. Das hat seinen guten Grund. Vor mehr als 500 Jahren, 1492, überquerte Cristóbal Colón westwärts segelnd den Atlantik, um einen Seeweg nach Indien zu suchen. Sein Vorhaben wurde unterstützt von Isabella von Kastilien und Ferdinand von Aragón, deren geniale Vernunftehe gerade den Grundstein für die spanische Nation in den kastilischen Kernlanden gelegt hatte. Am 12. Oktober, in Lateinamerika als *día de la raza*, in Spanien als *día de la hispanidad* zelebriert, betraten die Spanier die «Neue Welt». Neun Monate später wurde der erste Mestize geboren. Spaniens Goldenes Zeitalter konnte beginnen. Ob als Entdeckung gefeiert, als Völkermord verurteilt, als Begegnung zweier Welten gewürdigt – das Rad der Geschichte läßt sich nicht zurückdrehen. Pablo Neruda schreibt über die Spanier: «Sie nahmen Gold und ließen uns Gold ... Sie nahmen alles und ließen uns alles. Sie ließen uns die Wörter.»

Die Sprache ist der Spiegel der Seele. Das wußten die spanischen Eroberer und unterdrückten die indianischen Sprachen von Anfang an. Selbst in Ländern mit einem hohen Anteil indianischer Bevölkerung wie Guatemala, Ecuador, Perú und Bolivien führen *Maya, Quechua* und *Aymara* nur noch ein Schattendasein und sind als Schriftsprache nicht existent, obwohl in Amerika derzeit noch rund 40 Millionen *indígenas* leben.

Ohne spanische Sprachkenntnisse ist ein Verständnis der verschiedenen Kulturen und Menschen im Süden des amerikanischen Kontinents nicht möglich. Und man muß auf der Reise mit Unannehmlichkeiten und Einschränkungen rechnen, denn mit Englisch kommt man gerade noch in den großen Hotels und am Flughafen durch. Es lohnt sich also, *castellano* zu lernen – und es ist gar nicht so schwer. Leichter als das Spanisch der Spanier, soviel sei schon mal verraten. Sollten Sie sich dann einmal auf Staatsbesuch in Lateinamerika aufhalten, müssen Sie schon bald Ihre mangelnden Sprachkenntnisse nicht mehr rechtfertigen wie weiland US-Vizepräsident Dan Quayle: «Leider kann ich Ihre Sprache nicht sprechen, weil ich kein Latein gelernt habe.»

**Mañana**

Das Verhältnis der *latinos* zur Zeit ist locker. Eine Stunde Verspätung gehört unter Freunden durchaus noch zum guten Ton. *Mañana* bedeutet meist nicht morgen, sondern irgendwann später.

**buenos días** *guten Tag*

**¿cómo está?** *wie geht's Ihnen?*

**bien** *gut*

**gracias** *danke*

**hola** *hallo*

**¿qué tal?** *wie geht's?*

**no muy bien** nicht sehr gut

**buenas tardes** *guten Tag (nachmittags)*

**pues** *also*

**¿cómo estás?** *wie geht es dir?*

**mal** *schlecht*

**bienvenido** *willkommen*

**buenas noches** *guten Abend*

**adiós** *auf Wiedersehen*

**hasta mañana** *bis morgen* (auch: *später)*

**hasta luego** *bis später*

**muchas gracias** *vielen Dank*

## Aussprache

**1.** Eine erste gute Nachricht: Man spricht «**ci**» und «**ce**» in Lateinamerika ganz einfach wie ein scharfes «**s**», gra**c**ias (graßias), «**z**» wird genauso gesprochen, also Ma**z**atlán – (Maßatlán).

**2.** «**ch**» wird gesprochen wie [tsch] in Kautschuk. Man spricht also [buenas no**tsch**es, mu**tsch**as gracias]

**3.** «**h**» am Wortanfang wird nicht gesprochen, es klingt also: [ola, asta, otel], obwohl geschrieben steht: hola, hasta, hotel.

## Dreimal «guten Tag»

Zu beachten ist in Lateinamerika die Dreiteilung des Tages:

| | |
|---|---|
| **buenos días** | guten Morgen (morgens bis mittags) |
| **buenas tardes** | guten Tag (mittags bis zum frühen Abend) |
| **buenas noches** | guten Abend, gute Nacht (ab Einbruch der Dunkelheit) |

## Begrüßung – Befinden – Abschied

| | |
|---|---|
| **Buenos días.** | Guten Tag. |
| ***Buenos días.*** | *Guten Tag.* |
| **¿Cómo está?** | Wie geht's (Ihnen?) |
| ***Bien, gracias.*** | *Gut, Danke.* |
| **Hola.** | Hallo. |
| ***¿Qué tal?*** | *Wie geht's?* |
| **¿Cómo está?** | Wie geht's (Ihnen)? |
| ***No muy bien.*** | *Nicht sehr gut.* |
| **Buenas tardes.** | Guten Tag. |
| ***Buenas tardes.*** | *Guten Tag.* |
| **¿Cómo está?** | Wie geht's (Ihnen)? |
| ***Pues bien.*** | *Hhem, gut.* |
| **Hola.** | Hallo. |
| ***¿Qué tal?*** | *Hallo.* |
| **¿Cómo estás?** | Wie geht's dir? |
| ***Mal.*** | *Schlecht.* |
| **Bienvenido.** | Willkommen. |
| ***Hola, buenas noches.*** | *Hallo, guten Abend.* |
| **Adiós.** | Auf Wiedersehen. |
| ***Adiós, buenas noches.*** | *Auf Wiedersehen, gute Nacht.* |
| **Hasta mañana.** | Bis morgen. |
| ***Hasta mañana.*** | *Bis morgen.* |
| **Hasta luego.** | Bis später. |
| ***Adiós.*** | *Auf Wiedersehen.* |
| **Adiós.** | Auf Wiedersehen. |
| ***Adiós, muchas gracias.*** | *Auf Wiedersehen, danke schön.* |

**Dreimal «Hallo»**

Leicht zu lernen, oft benutzt, hilfreich in vielen Situationen sind : **hola – qué tal – cómo está/s.** Man kann sie einzeln, aber auch gemeinsam benutzen.

# üben

1

## 1. Wie heißt es auf deutsch?

**1.** hasta mañana
**2.** muy bien
**3.** buenas noches
**4.** mal
**5.** qué tal

**a** sehr gut
**b** wie geht's
**c** bis morgen
**d** guten Abend
**e** schlecht

## 2. Wie heißt's auf *castellano*?

**1.** wie geht's
**2.** guten Abend
**3.** bis später
**4.** gut, danke
**5.** guten Tag
**6.** bis morgen

**Entschuldigung:**

**perdone** entschuldigen Sie!
**perdón** Entschuldigung

## 3. Wie heißt es in der Sprache der *latinos*?

**1.** Am Strand. Sie verabschieden sich und werden sich später wiedersehen: ..............................................

**2.** Im Geschäft. Sie treffen einen Freund und erkundigen sich nach seinem Wohlergehen: ..............................................

**3.** Vor dem Kino. Sie begrüßen eine Freundin um 21.30 Uhr abends:
..............................................

**4.** Nach einer Einladung. Sie verabschieden sich vom Gastgeber und werden ihn morgen, vielleicht aber auch erst in ein paar Tagen wiedersehen: ..............................................

**5.** Auf der Straße. Sie geraten um 11.30 Uhr vormittags in eine Kontrolle. Der Polizist grüßt mit: ..............................................

## 4. Wie heißt die richtige Antwort?

**1.** Buenos días.
**a** Hola.
**b** Muy bien.

**2.** ¿Cómo está?
**a** Hola.
**b** Muy bien.

**3.** Adiós.
**a** Hasta luego.
**b** Mal.

**4.** ¿Qué tal?
**a** Hasta luego.
**b** Hola, buenos días.

**5.** Buenos días.
**a** Gracias.
**b** Hola, buenos días.

**6.** Adiós.
**a** No muy bien.
**b** Hasta mañana.

**Begrüßung**
In aller Regel dürfen mexikanische Banditen in US-Western zwei Dinge auf Spanisch mit zusammengepreßten Lippen spröde unter dem *sombrero* hervorknödeln: *buenos días,* wenn sie durch die Schwingtüren in die *cantina* eintreten, und *adiós amigos,* wenn sie mit rauchenden Colts die überfallene Bank verlassen.
Die Realität sieht anders aus. Die *latinos* verbringen viel Zeit mit dem Begrüßungsritual. Manchmal besteht sogar das ganze Gespräch ausschließlich aus solchen Floskeln. Weltmeister im Begrüßen sind zweifelsohne die Kolumbianer. Eine einfache Begegnung auf der Straße kann mit einem nicht enden wollenden Hin und Her von Begrüßungsformeln einhergehen, die allesamt mehr oder weniger «hallo» oder «wie geht es» bedeuten, wie *qué tal, cómo le va, qué hubo, lo común, qué hay de cosas, qué hay de bueno, cómo estás* und so weiter, bis ein Gesprächspartner sich vielleicht mit einem *bueno, pues hablamos* – gut, später sprechen wir miteinander, verabschiedet oder aber das Spiel mit *y qué más* – und, was noch oder mit *sigue, no más* – mach weiter – fortsetzt.

**Körper- und andere Kontakte**
Auch sich entfernt Stehende geben sich bei der Begrüßung und beim Abschied oft nicht nur die Hand, sondern einen Wangenkuß. Männer untereinander tun das nur innerhalb der Familie oder wenn sie sehr gut miteinander befreundet sind. Meistens geben sich die Männer die rechte Hand und schlagen sich leicht mit der linken gegenseitig auf den Rücken. Ungezwungen muß es dabei zugehen, damit nur kein falscher Verdacht aufkommt. Jemanden als schwul zu bezeichnen gilt als starke Beleidigung. Homosexuelle führen in der katholischen *macho*-Welt Lateinamerikas ein eher klandestines Leben.
Das *castellano* hat viele altspanische Höflichkeitsformen bewahrt, die man gerade am Anfang als grotesk oder gar unterwürfig empfinden mag, wie zum Beispiel *a la orden* (zu Befehl), *con permiso* (mit Erlaubnis), *con mucho gusto* (mit viel Vergnügen) oder *para servirle* (Ihnen zu Diensten). Solche Floskeln verwenden die *latinos* häufig und gerade auch bei der ersten Kontaktaufnahme. Auch der Austausch von Visitenkarten, ohne die man eine Reise nach Amerika nicht antreten sollte, sowie die ständige Anrede mit einem akademischen Titel wie *licenciado* (wer studiert hat), *doctor, ingeniero* gehört zu den lateinamerikanischen Eigenheiten, zumindest in der städtischen Mittelschicht.

**yo soy** *ich bin*
**por favor** *bitte*
**(el) señor** *(der) Herr*
**(la) señora** *(die) Frau*
**eres** *du bist*
**alemán/alemana** *deutsch*
**peruano / peruana** *peruanisch*
**¿cómo te llamas?** *wie heißt du?*
**mi nombre es** *mein Name ist*
**la estudiante** *die Studentin*
**en Alemania** *in Deutschland*
**sí** *ja*
**¿y tú?** *und du?*
**el marinero** *der Seemann*
**¿dónde?** *wo?*
**trabaja** *Sie arbeiten*
**en un barco** *auf einem Schiff*
**es** *Sie sind*
**el capitán** *der Kapitän*
**el jefe** *der Chef*

**Das «s» macht den Unterschied:**

| | |
|---|---|
| **cómo est-á** | wie geht's Ihnen |
| **cómo est-ás** | wie geht's dir |
| **cómo se llam-a** | wie heißen Sie |
| **cómo te llam-as** | wie heißt du |
| **trabaj-a** | Sie arbeiten |
| **trabaj-as** | du arbeitest |

**Aussprache:**

| **geschrieben** | **gesprochen** | **wie deutsch** |
|---|---|---|
| **1. «j»** | [ch]» | **Bach** |
| **jefe** | [**ch**efe] | Chef |
| **trabajas** | [traba**ch**as] | du arbeitest |
| **2. «ll»** | [j] | **ja** |
| **cómo te llamas** | [como te **j**amas] | wie heißt du |
| **Trujillo** | [tru**ch**i**j**o] | |

«ll» gilt als eigener Buchstabe und erscheint in alphabetischen Listen hinter «l».

| | | |
|---|---|---|
| **3. «y»** | [j] | **J**onas |
| **yo** | [jo] | ich |

**«y»** wird genauso wie **«ll»** gesprochen.
Auf Wandparolen wird hin und wieder «**ll**» und «**y**» verwechselt, ebenso wie «**b**» und «**v**». Manch einer vergißt beim Sprayen auch das nichtgesprochene «**h**» – zur Freude der Besserwisser.

# 2 Reden

## Sich vorstellen

| | |
|---|---|
| **Yo soy Juan Rodríguez.** | Ich bin Juan Rodríguez. |
| ***Hola, soy María Arguedas.*** | *Hallo, ich bin Maria Arguedas.* |
| **El señor Rodríguez, por favor.** | Herr Rodríguez, bitte. |
| ***Soy yo.*** | *Ich bin('s).* |
| **¿Eres alemana?** | Bist du Deutsche? |
| ***No, soy peruana.*** | *Nein, ich bin Peruanerin* |
| **¿Cómo te llamas?** | Wie heißt du? |
| ***Mi nombre es Amelia Gómez.*** | *Mein Name ist Amelia Gómez.* |
| **¿Eres estudiante?** | Bist du Studentin? |
| ***Sí, soy estudiante.*** | *Ja, ich bin Studentin.* |
| **¿En Alemania?** | In Deutschland? |
| ***Sí, ¿y tú?*** | *Ja, und du?* |
| **Yo soy marinero.** | Ich bin Seemann. |
| **¿Dónde trabaja?** | Wo arbeiten Sie? |
| ***En un barco.*** | *Auf einem Schiff.* |
| **¿Es marinero?** | Sind Sie Seemann? |
| ***No, soy el capitán.*** | *Nein, ich bin der Kapitän.* |
| **¿Ahh, sí?** | Ach ja??? |
| ***Sí, soy el jefe del barco.*** | *Ja, ich bin der Chef des Schiffes.* |

### Wichtig zu wissen:

**el alemán** – der Deutsche
**la alemana** – die Deutsche
**el peruano** – der Peruaner
**la peruana** – die Peruanerin

**el marinero** – der Seemann
**la marinera de agua dulce** – die Landratte (Süßwasser-seejungfrau)

### Auf die Endung kommt es an

«Ich, du, er, sie, es, Sie, wir, ihr, sie, Sie» kann man auf spanisch weglassen. Die Endung des Verbes macht es nämlich: Wenn *yo*, *tú* etc. doch stehen, dann um besonders zu betonen, wer etwas tut.

| | |
|---|---|
| **traba-jo** | ich arbeite |
| **trabaj-as** | du arbeitest |
| **trabaj-a** | er/sie arbeitet<br>Sie arbeiten |
| **trabaj-amos** | wir arbeiten |
| **traba-jan** | ihr arbeitet |
| **traba-jan** | Sie arbeiten |

# Üben

## 1. Überlegen Sie, wie es auf deutsch heißt:

**1.** Soy el jefe. **2.** ¿Es capitán? **3** El nombre, por favor. **4.** En un barco. **5.** Un estudiante alemán. **6.** Eres peruana. **7.** El marinero. **8.** ¿No trabajas? **9.** El capitán es el jefe del marinero.

## 2. Überlegen Sie, wie es auf *castellano* heißt:

**1.** auf einem Schiff **2.** wo arbeiten Sie? **3.** ich bin Deutscher **4.** wie heißt du? **5.** die Landratte **6.** der Seemann **7.** mein Name ist **8.** der Kapitän **9.** aus Deutschland.

## 3. Überlegen Sie, welche Antwort richtig ist:

**1.** ¿Eres peruano?
**a** Sí, soy el jefe.
**b** Sí, soy peruano.

**2.** ¿Cómo te llamas?
**a** Soy marinero.
**b** Mi nombre es Juan Carlos.

**3.** ¿Dónde trabajas?
**a** Mi nombre es Juan Carlos.
**b** En un barco.

**4.** ¿Eres capitán?
**a** No, soy estudiante.
**b** Sí, soy peruano.

**5.** ¿La señora Gómez, por favor?
**a** Soy yo, hola, ¿qué tal?
**b** Eres alemana.

## 4. Überlegen Sie, was dahintersteckt:

**1.** Hat das Sagen auf dem Schiff.
**2.** Bedeutet Morgen, in Südamerika nicht unbedingt.
**3.** Hat mit Wasser nichts am Hut.
**4.** Opfert sein Leben für Schule/Uni.
**5.** Wäre gerne 1.

## 5. Überlegen Sie, was fehlt:

**1.** Mi ...... es Amelia Gómez.
**2.** ¿Cómo .... llamas?
**3.** Yo .... marinero.
**4.** En ... barco.

**Noch eine gute Nachricht:**

Die 2. Person Mehrzahl (ihr tut, seid etc.) wird im *castellano* nicht gebraucht. Man muß nur die 3. Person Plural lernen und hat zwei Fliegen mit einer Klappe geschlagen: ihr und sie sind identisch.

**Sin números no se puede vivir – ohne Zahlen kann man nicht leben**
Schon die Maya im alten Mexiko waren sich der Bedeutung der Zahlen bewußt, führten die Null ein und erfanden einen Kalender, der die Länge des Sonnenjahres mit 365,242 Tagen berechnete. Dieser Wert kommt den Ergebnissen der modernen Astronomie um einen Zehntausendsteltag näher als unser Gregorianischer Kalender. Die Azteken, deren berühmter 24 Tonnen schwerer Kalenderstein im Nationalmuseum in Mexiko-City ausgestellt ist, benutzten zwei ineinander verzahnte Kalendersysteme, nach denen alle 52 Jahre ein neues Zeitalter bevorstand. Oder aber der Weltuntergang, wenn nicht Menschenopfer die Götter besänftigten und die Sonne stärkten. Die Inka in Peru waren gar auf dem gesamten Kontinent als Statistiker und Buchhalter verschrien, die sich nicht zuletzt mit Hilfe der *quipu* genannten Knotenschrift ein Weltreich in Südamerika zusammenknüpfen konnten. Octavio Paz meinte ein paar Jahrhunderte später, die Mexikaner glauben nur noch an die Jungfrau von Guadalupe und an die Lottozahlen. Und besonders heutzutage, wo manche den Untergang des Abendlandes durch Ziffern und Zahlen befürchten, ist deren Kenntnis das A & O zum Überleben in Lateinamerika: messen, wiegen, zählen, zahlen, reklamieren, telefonieren. Wie spät ist es ? Wie hat Boca Juniors gespielt? Wie steht der Dollar? Auf *castellano* nimmt sich die Konstruktion der Zahlen logisch aus, da kommt nicht zuerst der Hunderter, dann der Einer, und dann der Zehner. Da gibt es kein sieben und dreißig oder ein und fünfzig. Auf spanisch gilt die Regel: das meiste zuerst, erst Tausender, dann Hunderter, dann Zehner, dann Einer. Also heißt es *treinta y siete* (37) und *cincuenta y uno* (51). Wer die Zahlen von 1 bis 15 kennt, der braucht nur noch hundert und tausend und kann sich den Rest dazwischen fast schon selbst ableiten. Eine Ausnahme: *quinientos* [gesprochen: kinjentos] bedeutet 500.

Um Zahlen einer anderen Sprache wirklich zu lernen, muß man sie oft üben und einschleifen. Es bieten sich da kleine Tricks an, beispielsweise eine Weile lang beim Treppen- oder Bergsteigen erst bis zehn, dann bis 100 zu zählen. Abwärts natürlich dann rückwärts. Man liest laut die Lottozahlen und Fußballergebnisse, schaut sich danach an, wieviel Meter die höchsten Andengipfel über dem Meer liegen. Wer dann auch noch auf *castellano* die Höhe der lateinamerikanischen Auslandsschulden beziffern kann, der ist gerüstet für die weite Welt der Zahlen.

*Latinos* zählen anders mit den Händen.
Eins bis fünf: zuerst der Zeigefinger, der Daumen am Schluß.

**el número** *die Nummer*
**de** *von*
**el teléfono** *das Telefon*
**¿cómo?** *wie?*
**¿qué?** *was?*
**¿qué hora es?** *wieviel Uhr ist es?*
**son las dos** *es ist zwei Uhr*
**bueno** *gut*
**y media** *und eine halbe Stunde*
**en punto** *Punkt ..., pünktlich*
**menos** *weniger, vor ... Uhr*
**el pasaporte** *der Paß*

### Los números – Die Zahlen

| | | | |
|---|---|---|---|
| 0 | cero | 6 | seis |
| 1 | uno | 7 | siete |
| 2 | dos | 8 | ocho |
| 3 | tres | 9 | nueve |
| 4 | cuatro | 10 | diez |
| 5 | cinco | | |

### Jemanden ansprechen:

| | |
|---|---|
| **oiga, por favor** | hören Sie, bitte |
| **perdone, señor ...** | entschuldigen Sie, mein Herr |
| **perdone, señora ...** | entschuldigen Sie, meine Dame |
| **señor ...** | mein Herr |
| **señora ...** | meine Dame |

Auf deutsch klingt das mein Herr/meine Dame sehr antiquiert, auf *castellano* ist es aber durchaus üblich.

### Anrede

Spricht man über jemanden, so sagt man: *«el señor Gómez, la señora González»*.
In der direkten Anrede heißt es aber (ohne el/la): *«Señor Gómez / Señora González»*

### Son las cinco – es ist fünf Uhr

Das «horas», Stunden, denkt man sich immer dazu. Achtung, ein Uhr heißt: *la una*, es ist ein Uhr: *es la una*. Logisch, oder? Will man sich siebzehn oder zweiundzwanzig Uhr ersparen, so hängt man ein *de la tarde* – nachmittags – oder *de la noche* – nachts – dran: 17 h: *las cinco de la tarde*, 22 h: *las diez de la noche*. Einfach, oder?

## Nummern, Zahlen, Zeiten

### Zahlen für den Alltag

| | |
|---|---|
| ¿Número de teléfono? | Telefonnummer? |
| *Tres, dos, cuatro, uno, cinco, cinco, tres.* | *Drei, zwei, vier, eins, fünf, fünf, drei.* |
| ¿Cómo? | Wie? |
| *3 – 2 – 4 – 1 – 5 – 5 – 3* | *3 – 2 – 4 – 1 – 5 – 5 – 3* |

| | |
|---|---|
| ¿Qué hora es? | Wieviel Uhr ist es? |
| *Son las dos.* | *Es ist zwei Uhr.* |
| ¿Las dos? | Zwei Uhr? |
| *Bueno, las dos y media.* | *Nun gut, halb drei.* |

| | |
|---|---|
| ¿Qué hora es? | Wieviel Uhr ist es? |
| *Son las cinco.* | *Es ist fünf Uhr.* |
| ¿Las cinco en punto? | Punkt fünf Uhr? |
| *No, las cinco menos diez.* | *Nein, zehn vor fünf.* |

### Zahlen für Zöllner

| | |
|---|---|
| ¿Número de pasaporte? | Nummer des Passes? |
| *A cinco cuatro tres, cuatro, cinco, cinco, cero.* | *A fünf vier drei, vier, fünf, fünf, null.* |
| ¿Cómo, por favor? | Wie, bitte schön? |
| *A – 5 – 4 – 3 – 4 – 5 – 5 – 0* | *A – 5 – 4 – 3 – 4 – 5 – 5 – 0* |
| Cinco, cinco, ¿qué? | Fünf, fünf, was? |
| *Cinco, cinco, ¡cero!* | *Fünf, fünf, null!* |

### Zahlen für Fußballfans

3 a 2; 5 a 0; 0 a 0; 1 a 1;
3 a 4; 6 a 4; 2 a 2

**Historische Niederlage**
der Argentinier am 5. 9. 1993 in Buenos Aires:
Argentina 0 – Colombia 5.
Daraufhin erklärte Kolumbiens Präsident den 5. September zum neuen Nationalfeiertag.

### Zahlen für Lottospieler

6 – 18 – 23 – 35 – 31 –12 .

### Zahlen für Bergsteiger und Profis

| | |
|---|---|
| Fitz Roy en Chile | 3.375 metros |
| Aconcagua en Argentina | 7.041 metros |
| Illimani en Bolivia | 6.462 metros |
| Huascarán en Perú | 6.768 metros |
| Chimborazo en Ecuador | 6.287 metros |
| Popocatepetl en México | 5.452 metros |

3

## Üben

### 1. Sprechen Sie nach:

1 – 2 – 3 4 – 5 – 6 3 – 2 – 1 6 – 5 – 4
7 – 8 9 – 10 7 – 8 – 9 – 10

### 2. Denken Sie nach, was stört?

**1.** bienvenido – hola – qué tal – hasta mañana
**2.** capitán – número – jefe – marinero
**3.** ocho – siete – bueno – nueve

### 3. Denken Sie nach, was zusammengehört:

| | |
|---|---|
| **1.** «0» | **f** cuatro |
| **2.** «4» | **e** dos |
| **3.** «2» | **d** cinco |
| **4.** «3» | **c** tres |
| **5.** «1» | **b** cero |
| **6.** «5» | **a** uno |

### 4. Rechnen Sie nach, plus und minus:

**1.** Dos y tres son ... (Zwei und drei sind ...)
**2.** Uno y dos son ...
**3.** Cuatro y uno son ...
**4.** Cero y cuatro son ...
**5.** Tres y uno son ...
**6.** Cinco menos dos son ... (Fünf weniger zwei sind ...)
**7.** Tres menos uno son ...
**8.** Cuatro menos dos son ...
**9.** Cinco menos dos menos tres son ...

### 5. Sehen Sie nach Ihrer Paßnummer:

**1.** 1 – 4 – 7 – 9 – 4 – 0 – 3
**2.** 8 – 5 – 2 – 9 – 7 – 1 – 2
**3.** 6 – 5 – 4 – 3 – 2 – 1 – 0
**4.** 7 – 9 – 6 – 8 – 5 – 7 – 4
**5.** 2 – 4 – 6 – 8 – 0 – 2 – 5

### 6. Rechnen Sie nach, richtig oder falsch?

| | r | f |
|---|---|---|
| **1.** Tres menos dos son dos. | | |
| **2.** Cuatro y uno son cinco. | | |
| **3.** Tres menos dos son uno. | | |
| **4.** Dos y dos son cinco. | | |
| **5.** Dos menos dos son cero. | | |

Z

# Alle Wörter

## Begrüßung

**auf Wiedersehen**
*adiós*

**willkommen**
*bienvenido*

**guten Abend**
*buenas noches*

**guten Tag**
*buenos días, buenas tardes*

**Hallo**
*hola*

**bis später**
*hasta luego*

**morgen**
*mañana*

**wie geht`s Ihnen?**
*¿cómo está?*

**wie geht es?**
*¿qué tal?*

## Hauptwörter

**Schiff**
*el barco*

**Kapitän**
*el capitán*

**Chef**
*el jefe*

**Seemann**
*el marinero*

**Student(in)**
*el/la estudiante*

**Name**
*el nombre*

**Nummer**
*el número*

**Paß**
*el pasaporte*

**Frau**
*la señora*

**Herr**
*el señor*

**Telefon**
*el teléfono*

## Verben

**du bist**
*eres*

**du arbeitest**
*trabajas*

**ich bin**
*(yo) soy*

**mein Name ist**
*mi nombre es*

**Sie sind**
*es*

**wie heißt du?**
*¿cómo te llamas?*

## Zeiten

**wieviel Uhr ist es?**
*¿qué hora es?*

**es ist zwei Uhr**
*son las dos*

**Punkt ..., pünktlich**
*en punto*

**weniger, vor ... Uhr**
*menos*

**und eine halbe Stunde**
*y media*

## Kleine Wörter

**bitte**
*por favor*

**du**
*tú*

**gut**
*bueno*

**ja**
*sí*

**nein**
*no*

**und**
*y*

**aus, auf, in**
*en*

**also, nun**
*pues*

**sehr gut**
*muy bien*

**mal**
*schlecht*

**vielen Dank**
*muchas gracias*

**von**
*de*

**wie?**
*¿cómo?*

**wo?**
*¿dónde?*

**was?**
*¿qué?*

## Geographie

**Deutschland**
*Alemania*

**deutsch**
*alemán / alemana*

**peruanisch**
*peruano / peruana*

## México

*Frage: Warum war Jesucristo ganz sicher Mexikaner?*
*Antwort: Weil er bis zu seinem 30. Lebensjahr zu Hause bei mamá und papá gewohnt und außerdem bis zu seinem Tod daran geglaubt hat, daß seine Mutter Jungfrau ist.*

México hat eine Fläche von knapp 2 Millionen $km^2$ und ist mit fast 90 Millionen Einwohnern das größte spanischsprechende Land der Erde. Das mexikanische Spanisch hat viele Wörter, Begriffe und Ausdrücke der alten präkolumbianischen Indianersprachen, aber auch viele Amerikanismen übernommen. Die Alltagssprache ist überladen mit höflichen, formelhaften Redewendungen. Schroffe verbale Angriffe sind verpönt, persönliche Kritik äußert sich, wenn überhaupt, nur in leisen Tönen und umständlichen Formulierungen. Während das *nahuátl*, die Sprache der Azteken, immer mehr an Bedeutung verliert, können sich die *maya*-Sprachen auf Yucatán und im Chiapas gut behaupten.

**andale / hijole** – ständig benutzte Ausrufe; *andale* kommt von gehen und bedeutet: geh, mach nur; *hijole* kommt von Sohn und wird benutzt wie: ach komm!, wirklich!, sag bloß!

**antojitos** – wörtlich: vor den Äuglein, sind die kleinen einheimischen Spezialitäten wie die *tapas* in Spanien.

**camión** – sowohl für Lastwagen als auch für Busse aller Art verwendet; die ersten Busse, die in México verkehrten, waren nämlich Lastwagen mit Sitzbänken auf der Ladefläche.

**chingar** – verwunden, zerfetzen, schänden, ficken; nichts wirkt beleidigender als *chinga tu madre* oder *hijo de la chingada*, es führt unweigerlich zur Schlägerei.

**guate / guata** – Kumpel, enger Freund, wie ein Zwillingsbruder; *parir guates* bedeutet daher auch Zwillinge gebären.

**mole** – mehr als 30 verschiedene Zutaten gehören zu der berühmt-berüchtigt scharfen Schokoladensoße, die zu *pollo* oder zu *guajolote*, Truthahn, gereicht wird; *guacamole* ist die Avocadocreme.

**mordida** – der Biß gehört zu México wie die *mole* und die *tortilla;* am häufigsten benutztes Wort für Bestechungsgeld.

**platicar** – sprechen, plaudern, *platicamos un poco* – unterhalten wir uns, reden wir ein bißchen.

**tortilla** – heißt das tägliche Brot in México; mit Bohnenbrei, Fleisch, Huhn, Salat gefüllt und mit Käse bestreut, wird der allgegenwärtige warme Maisfladen allerorten schnell zum *taco*, zur *enchilada* oder zum *tostado.*

**zócalo** – wo man auch ankommt, am *zócalo* ist man immer richtig; zentraler Platz jedes mexikanischen Ortes.

## Hier fehlt's

**Lesen Sie sich die zwei Dialoge durch, und tragen Sie die fehlenden Wörter ein. Wenn Sie nicht mehr weiterwissen, dann dürfen Sie auf die nächste Seite schielen:**

**Hola y adiós**

| | |
|---|---|
| Hola, María. | *Hola, ...... días, Jesús.* |
| ¿.... estás? | *Muy bien, gracias, ¿y tú?* |
| No.... bien. | *¿Dónde trabajas?* |
| ¿Yo? No ........... . | *¿Eres estudiante?* |
| No, soy la jefa. | *Ah, ... bien.* |
| ¿Qué .... es? | *Son las nueve.* |
| ¿Las nueve? | *Sí, las nueve en ....... .* |
| Perdón, el teléfono. | *Bueno, ..... luego.* |
| Adiós, María .... mañana. | *Adiós, Jesús.* |

| | |
|---|---|
| Por ....., ¿la señora Vargas? | *Soy, yo.* |
| Mi ...... es Eduardo Camacho. | *Hola, ...... tardes.* |
| Soy capitán. | *Muy bien.* |
| ¿Y usted? | *No ... capitán.* |
| ¿Es estudiante? | *Sí, soy ............* |
| ¿El...... de teléfono? | *¿Qué?* |
| ¿El...... de teléfono? | *Oh, no, no, no ....* |

**Phon und Fax**

Aus einer Zeit, als gute Telefonverbindungen noch die Ausnahme waren, hat sich das Ritual der ersten Worte an der Strippe rübergerettet:

| | |
|---|---|
| **oiga** | hören Sie (sagt der Anrufer) |
| **diga** | sagen Sie (sagt der Angerufene), oft auch |
| **dígame** | sagen Sie mir (sagt der Angerufene) |

Der Anrufer sagt, mit wem er sprechen möchte, woraufhin er gefragt wird: **¿de parte de quién? – wer ist dran?**
Oft wird er dann weiterverbunden mit einem uns altertümlich erscheinenden **a la orden** bzw. **a sus órdenes** zu Ihren Diensten, zu Befehl (oder aber ): **no está** er/sie ist nicht da.

# Hier steht's

Z

**Hören Sie sich die zwei Dialoge an. Vergleichen Sie die Lösungen, die Sie gefunden haben, und sprechen Sie einfach nach:**

**Guten Tag und auf Wiedersehen**

Hola, Lupita. *Hola, buenos días, Paco.*
¿Cómo estás? *Muy bien, gracias, ¿y tú?*
No muy bien. *¿Dónde trabajas?*
¿Yo? No trabajo. *¿Eres estudiante?*
No, soy el jefe. *Ah, muy bien.*
¿Qué hora es? *Son las nueve.*
¿Las nueve? *Sí, las nueve en punto.*
Perdón, el teléfono. *Bueno, hasta luego.*
Adiós Lupita, hasta mañana. *Adiós, Paco.*

Por favor, ¿la señora Rosas? *Soy yo.*
Mi nombre es José Buenaventura. *Hola, buenas tardes.*
Soy capitán. *Muy bien.*
¿Y usted? *No soy capitán.*
¿Es estudiante? *Sí, soy estudiante.*
¿El número de teléfono? *¿Qué?*
¿El número de teléfono? *Oh, no, no, no ....*

Die Kartentelefone sind überall in Lateinamerika auf dem Vormarsch. Die Verbindung nach Europa ist oft ausgezeichnet und in aller Regel wesentlich besser als innerhalb des Landes. Telefonieren als Anfänger in *castellano* kann ziemlich frustrierend sein. Die *tarjetas*, die Karten, gibt es auf der Post – *correos* – oder aber werden in Läden bzw. Ständen in unmittelbarer Nähe des Telefons verkauft.

Nicht nur die besseren Hotels bieten einen Fax-Service an. Faxen lohnt sich vor allem bei Vorab-Reservierungen und um bei wichtigen Angelegenheiten erst gar keine Mißverständnisse aufgrund von Sprachproblemen aufkommen zu lassen.

Z

# Prüfstand

## 1. Welche Frage paßt?

**1. Muy bien, gracias.**
a ¿Número de teléfono?
b ¿Qué?
c ¿Cómo está?

**2. No, soy peruano.**
a ¿Es peruano?
b ¿Es alemán?
c ¿Es marinero?

**3. En un barco.**
a ¿Dónde trabajas?
b ¿Número de pasaporte?
c ¿Qué hora es?

**4. Mi nombre es Carlos Galeano.**
a ¿Cómo está?
b ¿Cómo te llamas?
c ¿Cómo estás?

**5. Son las siete en punto.**
a ¿Eres estudiante?
b ¿Dónde trabajas?
c ¿Qué hora es?

## 2. Fragen Sie danach. Achten Sie auf die Artikel el oder la:

*«¿El **teléfono**, por favor?»*

**1.** Telefon **2.** Schiff **3.** Nummer **4.** Name **5.** Kapitän **6.** Chef
**7.** Seemann **8.** Studentin **9.** Landratte **10.** Peruanerin.

## 3. Schreiben Sie die nächstfolgende Zahl:

**1.** uno ..................
**2.** seis ..................
**3.** tres ..................
**4.** cero ..................
**5.** dos ..................
**6.** nueve ...............
**7.** cuatro ...............
**8.** ocho ................
**9.** siete ................

## 4. Haben Sie aufgepaßt?

**1.** In Lateinamerika wird gesprochen:

**a** lateinisch.
**b** caramba.
**c** castellano.

**2.** An eine Frau wendet man sich so:

**a** «La señora, por favor.»
**b** «La marinera, por favor.»
**c** «Señora, por favor.»

**3.** Die Maya kannten bereits

**a** die Lottozahlen.
**b** die Null.
**c** die Jungfrau von Guadalupe.

**4.** Spanische Zahlen

**a** kommen Deutschen immer wie böhmische Dörfer vor.
**b** werden dem Wert nach gebildet.
**c** kennen die Null nicht.

**5.** Am Morgen grüßt man:

**a** buenos marineros.
**b** buenas mañanas.
**c** buenos días.

**6.** Die indianischen Sprachen

**a** wurden und werden unterdrückt.
**b** ergeben keinen Sinn.
**c** sind nicht zu erlernen.

**7.** Cristóbal Colón gilt als

**a** Eroberer Méxicos.
**b** Entdecker Amerikas.
**c** Bruder von King Kong.

**8.** Die Azteken verhinderten den Weltuntergang

**a** durch Opfern ihrer Priesterkaste.
**b** durch Opfern ihrer Überzeugung.
**c** durch Opfern von Menschen.

# Unterwegs

# En camino

Vor bald 200 Jahren begann Alexander von Humboldt seine amerikanische Reise. Der Naturforscher wird noch heute in vielen Ländern Lateinamerikas als der zweite oder der wahre Entdecker gefeiert. Ihm folgten Charles Darwin und viele andere. Forschungsreisende und Abenteurer machten sich auf den damals noch beschwerlichen Weg in eine unbekannte, verlockende, exotische Welt. Im feuchtheißen Dschungel oder in unzugänglichen Bergregionen stießen sie auf uralte Tempel der Azteken, der Maya und der Inka. Ihre Berichte von den Überresten untergegangener indianischer Kulturen lockten bald die ersten Touristen an.

Vieles hat sich geändert seitdem. Geblieben ist der bedrückende Gegensatz zwischen Arm und Reich. Geblieben ist auch eine gewisse Wildheit des Lebens, die in unseren Breitengeraden weitgehend erloschen ist und die uns nach Lateinamerika lockt. Zwischen zwei Ozeanen, getrennt durch den längsten Gebirgszug der Erde, der sich wie ein überdimensionales

Skelett von Nord nach Süd zieht, liegen extreme Landschaften. Wer Wüsten und Urwälder, Gletscher und Vulkane und die Bewohner des Kontinents kennenlernen möchte, braucht vor allem eines: *paciencia* – Geduld. Die Lateinamerikaner helfen dabei. Wie oft findet man sich beim Warten auf den Bus, den Zug oder das nächste Flugzeug ohne eigenes Zutun plötzlich in ein Gespräch verwickelt. Die *latinos* erzählen gerne von ihren Ländern und aus ihrem Leben.
Zunächst einmal wird der aus Europa kommende Reisende auf dem *aeropuerto* einer großen Metropole landen und sich ein wenig verloren vorkommen. Danach stellen sich die existentiellen Fragen eines jeden *viajero*: Wo bleibe ich die erste Nacht? Wie komme ich dorthin und womit wieder weg zu meinem nächsten Ziel? Zumindest die erste Frage braucht man nicht erst nach einem ermüdenden Langstreckenflug zu beantworten. Ein Fax vor der Abreise aus Europa schafft Abhilfe. Dann kann man sich trotz Jetlag und Kulturschock erst einmal ins Bett legen und süd-

amerikanisch denken: *mañana es otro día* – morgen ist auch ein Tag. Beim Reisen in Lateinamerika sollte man ein Auge offen halten, *ojo, mucho ojo* haben, das heißt vorsichtig sein. Es geschehen doch hin und wieder *accidentes*, und selbst die zu Zeiten Pancho Villas′ so beliebten Zugüberfälle waren keineswegs eine vorübergehende Modeerscheinung, sondern haben erneut Konjunktur. Bewaffnete Überfälle auf Touristen sind nicht üblich. Einbrüche, Diebstähle und Unfälle geschehen schon häufiger. Wer seinen Rucksack unbeaufsichtigt stehen läßt, darf sich nicht wundern, wenn bei seiner Rückkehr keine zwei dort stehen.

In den touristischen Ecken Lateinamerikas steht dem Reisenden die ganze Palette der Unterkünfte, von der einfachen Pension bis zum Luxushotel zur Verfügung. In Gegenden abseits der klassischen Touristenrouten, vor allem in ländlichen Gebieten, bleibt das Angebot oft auf sehr einfache und entsprechend billige Hotels beschränkt, in deren kargen Zimmern Moskitos um die nackte Glühbirne kreisen und auf Kundschaft warten. Dann freut man sich, wenn das Wort *mosquitero* bereits zum aktiven Wortschatz gehört.

**Zwei Zauberwörter für jede Gelegenheit:**

**1. «tiene».** Es bedeutet: *Sie haben,* oder als Frage: *haben Sie*?
Es wird auch gebraucht im Sinn von *es gibt, gibt es*?

| | |
|---|---|
| **¿Tiene un cuarto?** | Haben Sie (gibt es) ein Zimmer? |
| **¿Tiene una habitación?** | Haben Sie ein Zimmer? |
| **Aquí tiene la llave.** | Hier haben Sie den Schlüssel. |

**2. «quisiera».** Es bedeutet: *ich möchte, ich hätte gerne.*

| | |
|---|---|
| **Quisiera la llave.** | Ich hätte gerne den Schlüssel. |
| **Quisiera un mosquitero.** | Ich möchte ein Moskitonetz. |

**Artikel**

| | | | |
|---|---|---|---|
| **un** | ein | **el** | der |
| **una** | eine | **la** | die |

Es gibt nur zwei Artikel: männlich und weiblich. Wörter, die mit **o** enden, sind männlich wie **el** oder **un** barc**o**. Wörter, die mit **a** enden, sind weiblich wie **la** oder **una** duch**a**. Es gibt nur wenige Ausnahmen von dieser Regel, beispielsweise **el día**.

**tiene** *Sie haben*

**el cuarto** *das Zimmer*

**para** *für*

**¿cuántas personas?** *wie viele Personen?*

**un / una** *ein / eine*

**somos** *wir sind*

**hay** *es gibt, gibt es?*

**pero** *aber*

**sin** *ohne*

**el baño** *das Bad, dieToilette*

**solamente** *nur*

**agua caliente** *warmes Wasser*

**frío/a** *kalt*

**¿cuánto vale?** was kostet?

**doscientos** *zweihundert*

**la habitación** *das Zimmer*

**la cama** *das Bett*

**matrimonial** *Ehe-, ehelich*

**mejor** *besser*

**con** *mit*

**quisiera** *ich hätte gerne*

**la cabaña** *die (Strand-)Hütte*

**la hamaca** *die Hängematte*

**familiar** *Familien-, familär*

**el mosquito** *die Stechfliege*

**el mosquitero** *das Moskitonetz*

**la llave** *der Schlüssel*

**aquí** *hier*

## Mehr Zahlen

| | | | | | |
|---|---|---|---|---|---|
| **10** | diez | **20** | veinte | **30** | treinta |
| **11** | once | **21** | veintiuno | **40** | cuarenta |
| **12** | doce | **22** | veintidós | **50** | cincuenta |
| **13** | trece | **23** | veintitrés | **60** | sesenta |
| **14** | catorce | **24** | veinticuatro | **70** | setenta |
| **15** | quince | **25** | veinticinco | **80** | ochenta |
| **16** | dieciséis | **26** | veintiséis | **90** | noventa |
| **17** | diecisiete | **27** | veintisiete | **100** | cien |
| **18** | dieciocho | **28** | veintiocho | **200** | doscientos |
| **19** | diecinueve | **29** | veintinueve | **1000** | mil |

| **Habitaciones** | Zimmer |
|---|---|
| **una habitación individual** | Einzelzimmer |
| **una habitación doble** | Doppelzimmer |
| **una habitación de tres camas** | Zimmer mit 3 Betten |
| **una habitación con hamaca** | Zimmer mit Hängematte |
| **una cama matrimonial** | Doppelbett |

4 Reden

## Im Hotel

| | |
|---|---|
| **Muy buenas noches, señores.** | Schönen guten Abend, meine Herren. |
| ***Buenas noches. ¿Tiene un cuarto?*** | *Guten Abend. Haben Sie ein Zimmer?* |
| **¿Para cuántas personas?** | Für wie viele Personen? |
| ***Somos tres personas.*** | *Wir sind drei Leute.* |
| **Sí hay, pero sin baño.** | Ja, es gibt welche, aber ohne Bad. |
| ***¿Hay agua caliente ?*** | *Gibt es heißes Wasser?* |
| **No, no hay, solamente agua fría.** | Nein, es gibt nur kaltes Wasser. |
| ***¿Cuánto vale el cuarto?*** | *Wieviel kostet das Zimmer?* |
| **Doscientos pesos, señor.** | Zweihundert Pesos, mein Herr. |

| | |
|---|---|
| ***Hola, buenas tardes.*** | *Hallo. Guten Tag.* |
| **Una habitación, por favor.** | Ein Zimmer, bitte. |
| ***¿Para cuántas personas, señora?*** | *Für wie viele Personen, meine Dame?* |
| **Para dos.** | Für zwei. |
| ***¿Quiere una cama matrimonial?*** | *Möchten Sie ein Ehebett?* |
| **Bueno, eh, no, mejor con dos camas.** | Gut ... emm, nein, besser mit zwei Betten. |

| | |
|---|---|
| ***Quisiera una habitación doble, por favor.*** | *Ich möchte bitte ein Doppelzimmer.* |
| **Sí señor, pero hay también cabañas.** | Ja mein Herr, aber es gibt auch Hütten. |
| ***¿Con camas o con hamacas?*** | *Mit Betten oder Hängematten?* |
| **Con una hamaca familiar.** | Mit einer Familienhängematte. |
| ***¿Hay mosquitos?*** | *Gibt es Moskitos?* |
| **Pues sí señor, pero hay mosquitero.** | Ja klar, mein Herr, aber es gibt ein Moskitonetz. |
| ***Muy bien, ¿dónde está la llave?*** | *Sehr gut, wo ist der Schlüssel?* |
| **Aquí tiene la llave.** | Hier haben Sie ihn. |

# Üben

4

## 1. Welche Antwort ist richtig?

**1.** ¿Hay agua caliente?
**a** No, solamente agua fría.
**b** Para dos personas.

**2.** ¿Cuánto vale por persona?
**a** Con agua caliente, por favor.
**b** Son doscientos por persona.

**3.** ¿Tiene la llave?
**a** Sí, aquí la tiene.
**b** Siete mil pesos.

**4.** ¿Tiene una habitación?
**a** Aquí tiene la llave.
**b** ¿Para una persona?

**5.** ¿Con dos camas?
**a** No, con una hamaca.
**b** No, con dos camas.

## 2. Fragen Sie richtig, ob es das gibt:

*«¿Tiene **la llave**? – ¿Hay **una llave**?»*

**1.** la llave **2.** el barco **3.** la hamaca **4.** el nombre **5.** el número de teléfono **6.** el cuarto **7.** la habitación **8.** el mosquitero.

## 3. Verbinden Sie richtig:

**1.** una hamaca
**2.** un cuarto
**3.** un mosquitero
**4.** el agua
**5.** hay un
**6.** una llave

**a** fría
**b** para la habitación
**c** baño aquí
**d** con dos camas
**e** para la noche
**f** familiar

## 4. Fragen Sie richtig nach dem Preis:

*«¿Cuánto vale **la hamaca?**»*

**1.** la hamaca **2.** el hotel **3.** la llave **4.** el baño **5.** el barco **6.** la cabaña **7.** la habitación **8.** el cuarto **9.** el agua caliente.

*Latinos* haben aus Höflichkeit Probleme, eine Frage nach dem Weg mit Nein zu beantworten. Man schickt die Leute lieber in die Pampa, als zuzugeben, daß man es nicht weiß.

**Del norte al sur – Von Nord nach Süd**

Die wenigsten werden die 8000 Kilometer *America Latina* von Nord nach Süd am Stück durchreisen – es sei denn, sie haben ein halbes Jahr und mehr Zeit. Auch dann ist es noch eine offene Frage, ob wirklich derjenige am meisten sieht, der den Río Bravo del Norte in Mexico überschreitet und sich Kap Horn als Endziel gesetzt hat. *No llega más lejos quien más corre* – es kommt nicht weiter, wer mehr eilt, warnen die *latinos* diejenigen Traveller, die bereits bei der Ankunft an die Weiterreise denken. Selbst wer sich nur auf ein Land oder eine Region beschränkt, hat es mit räumlichen Dimensionen zu tun, die uns in Europa unbekannt sind. Besonders die Neuankömmlinge ohne Lateinamerika-Erfahrung verschätzen sich regelmäßig, was Entfernungen und vor allem was die Reisedauer angeht. Wenn sie schlau sind, ändern sie vor Ort die zu Hause anhand von Landkarten ausgetüftelten Pläne, oder aber sie reisen hastig und mit Streß. Grundsätzlich gilt: Weniger ist immer mehr. Selbst in einem kleinen Land wie Ecuador (ungefähr so groß wie Deutschland) kann man locker drei Monate verbringen und hat trotzdem nur einen Teil seiner Naturschönheiten gesehen.

Wie reist man am besten in *America Latina? Depende* – kommt drauf an, was man will, wohin man will und wieviel Zeit man hat. *El tren es tu amigo,* steht an manchen südamerikanischen Zugbahnhöfen, doch der Freund ist zwar das billigste, aber auch (von den eigenen Füßen einmal abgesehen) langsamste Fortbewegungsmittel. Allerdings bieten Eisenbahnfahrten die sinnliche Entdeckung der Langsamkeit. Besonders spektakulär sind: der *Chihuahua al Pacífico* in Nordmexiko, der *Autoferro Quito Guayaquil* und der *Tren de la Sierra* von Lima 5000 m hoch in die Anden.

Üblicherweise wird man jedoch mit dem Bus oder mit dem Flugzeug reisen. Die großen Entfernungen, das unzugängliche Gelände, seien es Berge, Schluchten oder Urwälder, lassen oft *el avión* angesagt sein. *El autobus* ist das ideale Verkehrsmittel, um Land und Leute kennenzulernen. Es gibt ihn in verschiedenen Klassen, klein und groß, an den Seiten offen oder geschlossen, aus Metall oder aus Holz. Für viele *latinos* bietet er die einzige Verbindung zur Außenwelt. *Dios es mi copiloto*, lassen viele Busfahrer ihre Kundschaft anhand von Schildchen unter Heiligenfiguren neben noch immer nicht ganz aus der Mode gekommenen Che-Guevara-Postern wissen. Jeder Südamerikareisende ist spätestens dann für einen kompetenten Beifahrer dankbar, sobald sich sein Bus die ersten Serpentinen eines Andenpasses hinaufquält und vor jeder Kurve zu einem Hupkonzert ansetzt.

Übrigens, auf *castellano* stehen Frage- und Ausrufezeichen auch vor dem Satz, aber umgekehrt. ¿Schon gemerkt?

**está** *ist, befindet sich*

**el/la terminal de autobuses** *der Busbahnhof*

**no lo sé** *ich weiß es nicht*

**el aeropuerto** *der Flughafen*

**está lejos** *ist weit entfernt*

**el minuto** *die Minute*

**el taxi** *das Taxi*

**voy** *ich gehe/fahre*

**a, al** *nach, zu*

**¿cuándo sale?** *wann fährt ab?*

**hoy** *heute*

**tal vez** *vielleicht*

**el boleto** *die Fahrkarte*

**para** *nach / für*

**primera** *erste*

**segunda** *zweite*

**el tren** *der Zug*

**la salida** *der Ausgang*

**ahorita** *jetzt gleich*

### Der Bus hat viele Namen

In der Karibik heißt er liebevoll *guagua,* in México *camión,* in Venezuela *buseta,* in Colombia *chiva,* in Bolivia *flota,* in Chile und in Argentina *colectivo* oder *micro.*

**a + el → al**

diese beiden Wörtchen verschmelzen

### Mehrzahl

| | | | |
|---|---|---|---|
| **la** señora | **las** señor**as** | ¿cuánt**as** señor**as**? | wie viele Frauen? |
| **la** cama | **las** cam**as** | ¿cuánt**as** cam**as**? | wie viele Betten? |
| **el** baño | **los** bañ**os** | ¿cuánt**os** bañ**os**? | wie viele Bäder? |
| **el** boleto | **los** bolet**os** | ¿cuánt**os** bolet**os**? | wie viele Fahrkarten? |

### Ohne «s» keine Mehrzahl

| Einzahl | Mehrzahl |
|---|---|
| un minut-**o** | dos minut-**os** |
| una person-a | tres person-**as** |
| una noch-**e** | cuatro noch-**es** |

Mehrzahl der Wörter, die auf **-o, -a, -e** enden, lautet: **-os, -as, -es**

| | |
|---|---|
| un termina-**l** | dos terminal-**es** |
| un tre-**n** | dos tren-**es** |
| un autobú-s | tres autobuses-**es** |

Regel dazu: Mehrzahl der Wörter, die mit Konsonanten (d, j, l, n, r etc.) enden, ist: **-es**. Bitte nicht mehr vergessen: Mehrzahl immer mit -**s**.

5 Reden

## Unterwegs

| | |
|---|---|
| **Señor, ¿dónde está el terminal?** | Mein Herr, wo ist der Bahnhof? |
| ***No lo sé.*** | *Ich weiß es nicht!* |
| ***Señora, ¿dónde está el aeropuerto?*** | *Meine Dame, wo ist der Flughafen?* |
| **Bueno, no está lejos.** | Nun, das ist nicht weit. |
| ***¿Está lejos?*** | *Ist es weit?* |
| **No, solamente diez minutos en taxi.** | Nein, nur zehn Minuten mit dem Taxi. |
| ***¿Cómo voy?*** | *Wie gehe/fahre ich?* |
| **¡Solamente en taxi!** | Nur mit dem Taxi. |
| ***¡Taxi!*** | *Taxi!* |
| **Hola, buenos días.** | Hallo, guten Tag. |
| ***Al aeropuerto, por favor.*** | *Zum Flughafen, bitte.* |
| **Muy bien.** | Sehr gut. |
| ***¿Cuándo sale el autobús?*** | *Wann fährt der Bus ab?* |
| **Hoy no, tal vez mañana.** | Heute nicht, vielleicht morgen. |
| ***Dos boletos para Santiago.*** | *Zwei Tickets nach Santiago.* |
| **¿En primera o segunda?** | Erster oder zweiter (Klasse)? |
| ***En segunda, por favor.*** | *Zweiter bitte.* |
| **Doscientos pesos.** | Zweihundert Pesos. |
| ***¿Y hay un tren a Valparaíso?*** | *Und gibt es einen Zug nach Valparaiso?* |
| **Salida número cuatro.** | Ausgang Nummer vier. |
| ***¿Cuándo sale?*** | *Wann fährt er ab?* |
| **Ahorita, en dos minutos.** | Jetzt gleich, in zwei Minuten. |
| ***¡Uyyy!*** | *Ohoohoo!* |

**Panamericana** heißt die Traumstraße der Welt.
Sie beginnt in Alaska, durchquert die USA und Mittelamerika, folgt immer in Küstennähe dem Pazifik durch Kolumbien, Ecuador und Peru bis nach Südchile, wo sie in Puerto Montt endet.
Von dort führt eine Wellblechpiste noch einmal 1000 km südwärts in die patagonische Welt der Gletscher, Fjorde und des ewigen Eises.

# Üben

## 1. Lösen Sie Ihre Zunge, lösen Sie Fahrkarten:

«***Dos boletos*** *para* ***Buenos Aires****, por favor.*»

**1.** 2 – Buenos Aires **2.** 3 – Trujillo **3.** 1 – Potosí **4.** 5 – Mérida **5.** 2 – Bogotá **6.** 4 – Guayaquil **7.** 8 – San José **8.** 9 – Managua.

## 2. Lösen Sie das Problem, a oder b?

**1.** ¿Dónde está el aeropuerto?
**a** No lo sé.
**b** Dos boletos al aeropuerto.

**2.** ¿En primera clase?
**a** Ahorita.
**b** No, en segunda, por favor.

**3.** ¿El autobús a Santiago?
**a** Claro que sí.
**b** Hoy no hay, tal vez mañana.

**4.** ¿Cuándo sale?
**a** Cinco taxis.
**b** En diez minutos.

**5.** ¿Está lejos?
**a** En dos minutos.
**b** No está muy lejos.

**6.** ¿Dónde está el tren?
**a** Salida número cinco.
**b** Muy bien.

## 3. Lösen Sie das Problem, finden Sie das Kuckucksei:

**1.** hotel – cuarto – boleto – llave
**2.** boleto – marinero – autobús – terminal
**3.** mañana – minuto – salida – hora
**4.** baño – llave – ducha – agua caliente

## 4. Lösen Sie's in der Mehrzahl:

«***dos boletos***»

**1.** un boleto **2.** un/a terminal **3.** una mañana **4.** un minuto **5.** un aeropuerto **6.** una idea **7.** un tren **8.** una hamaca **9.** un capitán **10.** un baño **11.** una tarde **12.** un estudiante **13.** una estudiante **14.** un profesor.

## 5. Lösen Sie's auf *castellano*

**1.** ich weiß es nicht **2.** ist das weit? **3.** erster Klasse, bitte **4.** heute nicht, vielleicht morgen **5.** zehn Minuten mit dem Taxi **6.** jetzt gleich, in zwei Minuten **7.** der Flughafen **8.** wann fährt er ab? **9.** der Ausgang.

**¿Qué hacer ? – Was tun?**

Nach Mittel- beziehungsweise Südamerika fährt man nicht nur zum Baden, obwohl auf über 15 000 Kilometern unzählige Strände locken. Sieben Länder von México bis Kolumbien haben zwei Ozeane vor der Haustüre liegen – *el Atlántico y el Pacífico.* Nirgendwo ist der Weg (von Bolivien und Paraguay einmal abgesehen) zum Meer allzuweit. Jeder kann nach seinem *gusto* einen *cóctel* aus Erlebnis-, Bildungs-, Kultur- und Erholungsurlaub zusammenstellen. Man kann eine anstrengende Bergtour durch ein paar ruhige Faulenzertage in der Hängematte unter Palmen vor einer *piña colada* unterbrechen, Smog und Verkehrslärm einer pulsierenden Metropole mit ein paar Unterwassertagen in den Korallengärten vor der mittelamerikanischen Karibikküste ausgleichen oder sich für stressige Busfahrten zwischen Urwaldflüssen und Andenpässen mit einer Woche Ausspannen am Meer belohnen.

Ein ganz gewichtiger Reisegrund für viele: Überall südlich des *Río Grande* stolpert man über die steinernen Zeugnisse des alten Amerika: Aztekentempel im mexikanischen Hochland, Mayastädte im mittelamerikanischen Dschungel, Inkaruinen vom ecuadorianischen *páramo* bis in die nordargentinischen Anden. Für die meisten heißt es irgendwann auf der Reise *poco tiempo para tantas cosas* – wenig Zeit für (so) viele Dinge.

| ☜ | ☞ | ☝ | ☟ |
|---|---|---|---|
| **a la izquierda** | **a la derecha** | **arriba** | **abajo** |
| links | rechts | oben | unten |

Lateinamerikanische Autofahrer haben über alle Landesgrenzen hinweg einen natürlichen Feind. Es ist der *peatón* – Fußgänger, der manchmal regelrecht gejagt wird. Andererseits versuchen auch auf sechsspurigen Stadtautobahnen 80jährige *pensionistas* – Rentner sich bei Rot mit dem Spazierstock mindestens bis zum Mittelstreifen vorzutasten.

## lernen

6

**la pregunta** *die Frage*
**el mar** *das Meer*
**la playa** *der Strand*
**claro que sí** *ja klar, na sicher*
**la semana** *die Woche*
**por semana** *pro Woche*
**el día** *der Tag*
**al día** *am Tag*
**de nada** *keine Ursache*
**nada** *nichts*
**el avión** *das Flugzeug*
**doce y media** *halb eins*
**la noche** *die Nacht, der Abend*
**llega a ...** *kommt an in ...*
**tarde** *spät*
**directo** *direkt*
**las ruinas** *die Ruinen*
**la entrada** *der Eintritt*
**no más** *nicht mehr (nur, also)*

Die Orientierung in den Städten ist leicht. Sie sind alle schachbrettartig aufgebaut und werden in *cuadras* – Straßenblöcke unterteilt. Auf die Frage, wo ist…? erhält man die Antwort fünf *cuadras* geradeaus und dann zwei *cuadras* rechts. Leichter geht es nicht.

### Tageszeiten

| | |
|---|---|
| **la mañana** | der Morgen |
| **de la mañana** | morgens |
| **mañana por la mañana** | morgen früh |
| **la noche** | die Nacht |
| **de la noche** | nachts |
| **mañana por la noche** | morgen abend/nacht |

6 Reden

## Rumkommen

| | |
|---|---|
| **Una pregunta, por favor.** | Eine Frage bitte. |
| ***Sí, señor.*** | *Ja, mein Herr.* |
| **¿Dónde está el mar?** | Wo ist das Meer? |
| ***No está lejos.*** | *Es ist nicht weit.* |
| **¿Hay playas?** | Gibt es Strände? |
| ***Claro que sí.*** | *Ja klar.* |

| | |
|---|---|
| **¿Cuánto vale la habitación?** | Wieviel kostet das Zimmer? |
| ***Veinte mil sucres.*** | *Zwanzigtausend Sucres.* |
| **¿Por semana?** | Pro Woche. |
| ***No, señor, no. Son veinte mil al día.*** | *Nein, mein Herr, nein. Das macht 20000 pro Tag.* |
| **Uyy, uyy ... adiós, muchas gracias.** | Auf Wiedersehen, vielen Dank. |
| ***De nada, señor.*** | *Keine Ursache, mein Herr.* |

| | |
|---|---|
| **¿A qué hora sale el avión?** | Um wieviel Uhr geht das Flugzeug? |
| ***A las doce y media.*** | *Um halb eins (zwölf und halb).* |
| **¿A qué hora llega a Iquitos?** | Um wieviel Uhr kommt es in Iquitos an? |
| ***A la una y media.*** | *Um halb zwei (ein und halb).* |
| **¿De la mañana?** | Morgens? |
| ***No, de la tarde, señor.*** | *Nein, abends, mein Herr.* |
| **Uyy, es muy tarde.** | Ohh, das ist sehr spät. |

| | |
|---|---|
| **A Cartagena, por favor.** | Nach Cartagena bitte. |
| ***Hay un tren a las tres.*** | *Es gibt einen Zug um drei.* |
| **¿Es directo?** | Ist der direkt? |
| ***Sí, es directo.*** | *Ja, er ist direkt.* |
| **¿A qué hora llega?** | Um wieviel Uhr kommt er an? |
| ***Llega a las diez de la noche.*** | *Er kommt um zehn Uhr abends an.* |

| | |
|---|---|
| ***Oiga, por favor.*** | *Hören Sie bitte.* |
| **Sí, señora.** | Ja, meine Dame. |
| ***¿Dónde están las ruinas?*** | *Wo sind die Ruinen?* |
| **A veinte minutos en autobús.** | Zwanzig Minuten mit dem Bus. |
| ***¿Cuánto vale la entrada?*** | *Wie teuer ist der Eintritt?* |
| **Son ocho pesos, no más.** | Das macht nur acht Pesos. |

# Üben

(6)

## 1. Sagen Sie die nächste Zahl und anschließend die doppelt so große:

« ***seis, doce***» *(5+1 = 6 / 6 x 2 = 12)*

**1.** cinco (5) **2.** diez (10) **3.** nueve (9) **4.** tres (3) **5.** seis (6) **6.** veintidós (22) **7.** cuatro (4) **8.** dos (2) **9.** siete (7).

## 2. Sagen Sie, um wieviel Uhr der Bus ankommt:

**«***El autobús llega* ***a las cinco.***»

**1.** 5:00 [a las cinco] **2.** 7:00 **3.** 8:00 **4.** 2:00 **5.** 10:00 **6.** 6:00 **7.** 4:00 **8.** 3:00 **9.** 1:00 [Vorsicht, hier: a la ... (ohne «s»)].

## 3. Sagen Sie die Mehrzahl, ¿«s» oder «es»?

**1.** las ruina... **2.** tres autobus... **3.** los terminal.. **4.** muchos avion... **5.** dos semana... **6.** tres boleto... **7.** cuatro capitan... **8.** ocho tren... **9.** los mosquitero...

## 4. Sagen Sie die Frage nach der Abfahrt:

*«¿Cuándo sale el* ***avión****?»*

**1.** avión **2.** tren a Puno **3.** autobús de la segunda clase **4.** metro **5.** avión de la mañana **6.** autobús de la tarde **7.** barco a Pucallpa.

## 5. Sagen Sie, was das auf *castellano* sein könnte:

**1.** Der alte Mann und das . . . . . . . . . . . . . . . . . . . . . . . . . . . . . .
**2.** Stürzt manchmal ab: . . . . . . . . . . . . . . . . . . . . . . . . . . . . . . . .
**3.** Transportapparat auf dem Wasser: . . . . . . . . . . . . . . . . . . . . . . .
**4.** Eigentlich für die gesamte Familie, dann aber kommt niemand zur Ruhe: . . . . . . . . . . . . . . . . . . . . . . .

# Alle Wörter

## Unterkunft

**Bad, Klo**
*el baño*

**Bett**
*la cama*

**Ehe-**
*matrimonial*

**Hängematte**
*la hamaca*

**Familien-**
*familiar*

**Stechfliege**
*el mosquito*

**Moskitonetz**
*el mosquitero*

**Person**
*la persona*

**Wasser**
*agua*

**kaltes**
*fría*

**warmes**
*caliente*

**wie viele Personen**
*cuántas personas*

**Schlüssel**
*la llave*

**Zimmer**
*la habitación, el cuarto*

**Strandhütte**
*la cabaña*

## Sonstiges

**also**
*no más*

**vielleicht**
*tal vez*

**mejor**
*besser*

**ein bißchen**
*un poco*

**ein/eine**
*un / una*

**Eintritt, Eingang**
*la entrada*

**für**
*para*

**hier**
*aquí*

**kostet**
*vale*

**mit**
*con*

**nach, zu**
*a*

**nichts**
*nada*

**oder**
*o*

**ohne**
*sin*

**Ruinen**
*las ruinas*

**Strand**
*la playa*

**Meer**
*el mar*

**keine Ursache**
*de nada*

## Zeit und Zahlen

**erste**
*primero/primera*

**halb eins**
*doce y media*

**heute**
*hoy*

**zweite**
*segundo/a*

**Minute**
*el minuto*

**spät**
*tarde*

**Tag**
*el día*

**Woche**
*la semana*

**pro Woche**
*por semana*

**jetzt sofort**
*ahorita*

**um wieviel Uhr**
*a qué hora*

**wann**
*cuándo*

**Moment**
*el momento*

**Nacht**
*la noche*

## Transport

**Ausgang**
*la salida*

**Bus**
*el autobús*

**Busbahnhof**
*el/la terminal*

**Flughafen**
*el aeropuerto*

**Fahrkarte**
*el boleto*

**Zug**
*el tren*

**nach / für**
*para*

**Taxi**
*el taxi*

**Flugzeug**
*el avión*

**direkt**
*directo*

## Verben

**somos**
*wir sind*

**fährt ab**
*sale*

**ich gehe/fahre**
*voy*

**kommt an in**
*llega a*

**ich hätte gerne**
*quisiera*

**no lo sé**
*ich weiß nicht*

**es gibt**
*hay*

**wieviel kostet?**
*¿cuánto vale?*

**Sie haben**
*tiene*

**ist weit**
*está lejos*

## Colombia y Venezuela

*Als Gott die Welt schuf, hat er Kolumbien überreich beschenkt: zwei Ozeane, Flüsse zuhauf, Berge von unbeschreiblicher Schönheit, den besten Kaffee, die schönsten Bananen und vieles mehr. Aber dann bedauerte er, ein Land den anderen so vorgezogen zu haben, und setzte zum Ausgleich uns Kolumbianer in die Welt.*

Kolumbien hat 35 Millionen Einwohner auf einer Fläche von 1,15 Millionen $km^2$, in Venezuela leben 22 Millionen Menschen auf einem Territorium von knapp 1 Million $km^2$.
Beide Nationen bestehen darauf, das jeweils beste Spanisch überhaupt zu sprechen, in beiden Ländern haben sich die klassischen Formen des *castellano* am stärksten bewahrt. Die Traditionsverbundenheit äußert sich zum Beispiel in einer sehr formalen Höflichkeit bei der Begrüßung oder beim Abschied. Statt zwischen kolumbianisch und venezolanisch zu unterscheiden, macht es mehr Sinn, zwischen dem *castellano* der *costeños,* der Küstenbewohner, und dem der *serranos,* der Hochlandbewohner, zu unterscheiden. Erstere reden viel schneller und verschlucken ganze Silben.

**bacán –** klasse, stark, *bacano* infolgedessen ein toller Typ.

**bomba** – bedeutet erst einmal Tankstelle und erst in zweiter Linie das, woran man zuerst denkt.

**capo** – Topmanager aus der Chefetage eines Drogenkartells.

**chévere** – klasse, wird ständig als Ausruf des Entzückens im Mund geführt.

**chimbo** – falsch oder gefälscht, kann eine Aussage oder ein Paß sein.

**guachimane** – das kommt von *watchman* und bedeutet Wächter; ein kolumbianischer Beruf mit guten Wachstumsprognosen.

**hacerse el gringo** – heißt wörtlich: den Gringo machen, und bedeutet, sich blöd stellen oder dumm anstellen.

**morral** – hat mit Moral gar nichts zu tun, sondern bedeutet Rucksack.

**pilas** – sind eigentlich die Batterien, als Ausruf bedeutet es: paß auf! *Tener pilas* meint: Energie haben.

**périco** – Kokain, der Stoff, aus dem die Träume sind.

**rumba** – ist alles, was mit Ausgehen und Tanzen zu tun hat; ein *rumbero* ist jemand, der gerne auf die Rolle geht.

**sicarios** – bezahlte Killer sind in Kolumbien sehr billig, was auf ein großes Angebot schließen läßt.

**traqueto** – Angestellter aus dem mittleren Management eines *cartel,* eines Drogenkartells; kommt von *traquetraquetraque,* dem Geräusch, das beim Gebrauch einer Maschinenpistole entsteht.

## Ⓩ Hier fehlt's

**Lesen Sie sich die Dialoge durch, und tragen Sie die fehlenden Wörter ein. Wenn Sie nicht mehr weiterwissen, dann dürfen Sie auf die nächste Seite schielen:**

**Entre taxi y hotel**

Oiga, ¿dónde ......... el Hotel del Puerto?
*No.........lejos, Señorita.*
No está lejos, ¿pero.......está?
*Aquí no más.*
¿Hay mosquitos en la playa?
*............ en la tarde.*

¡Taxi!
*Buenos ....., a sus órdenes.*
Al Hotel Río Lagartos.
*¿A la terminal de autobuses?*
No, al Hotel Río Lagartos, por favor.
*Sí, ..... no.*
¿Está lejos?
*No, son ..... minutos, no más.*

¿Cuánto vale?
*Treinta lempiras.*
Adiós.
*Adiós, ......... gracias.*

Muy buenas tardes.
*Buenas ........ , señores.*
¿Tiene una ............ , por favor?
*¿Para cuántas semanas, señores?*
Para una.
*¿Solamente para una ........?*
Sí, vamos a Machu Picchu.
*¿En autobús?*
No, vamos ... avión.
*Por la mañana sale un autobús directo.*
Ahh, muy bien. ¿A qué hora llega?
*No lo sé, tal vez en ... noche.*
Entonces – ¿y la habitación?
*¿Quiere una cama matrimonial?*
No, mejor .... hamaca familiar.

## Hier steht's

**Hören Sie sich die Dialoge an, vergleichen Sie die Lösungen, die Sie gefunden haben, und sprechen Sie einfach nach:**

**Zwischen Taxi und Hotel**

Oiga, señor, ¿dónde está la playa?
*No está lejos, señorita .*
No está lejos, pero ¿dónde está?
*Aquí no más.*
¿Hay mosquitos en la playa?
*Solamente en la tarde.*

¡Taxi!
*Buenos días, a sus órdenes.*
Al Hotel Puerto Barrios.
*¿Al aeropuerto?*
No, al Hotel Puerto Barrios, por favor.
*Sí, cómo no.*
¿Está lejos?
*No, son diez minutos, no más.*

¿Cuánto vale?
*Treinta quetzales.*
Adiós.
*Adiós, muchas gracias.*

Muy buenas noches.
*Buenas noches, señor.*
¿Tiene una habitación doble, por favor?
*¿Para cuántos días, señor?*
Para dos.
*¿Solamente para dos días?*
Sí, vamos a Machu Picchu.
*¿En autobús?*
No, vamos en avión.
*Pero mañana también sale un autobús directo.*
Ahh, muy bien. ¿A qué hora llega?
*No lo sé, tal vez en la noche.*
Entonces – ¿y la habitación?
*¿Quiere una cama matrimonial?*
Bueno, eh, no, mejor dos camas.

Ⓩ

# Prüfstand

## 1. Haben Sie aufgepaßt? Was ist richtig?

**1.** «*Hamaca familiar*» bedeutet
**a** Soziales Netz.
**b** Familienmacke.
**c** Familienhängematte.

**2.** In Lateinamerika pinkelt man in das:
**a** closet.
**b** cama.
**c** baño.

**3.** «*La playa*» bedeutet:
**a** Altenplage.
**b** Algenplage.
**c** Strand.

**4.** «*Paciencia*» bedeutet:
**a** Friede.
**b** Geduld.
**c** Patient.

**5.** Diebstähle und Unfälle sind in Lateinamerika
**a** völlig unbekannt.
**b** gang und gäbe.
**c** möglich.

**6.** «*Mosquitero*» ist der spanische Name
**a** für die Musketiere.
**b** für Moskitos.
**c** für Moskitonetz.

**7.** «*El tren es tu amigo*» heißt:
**a** Der Zug und sein Freund.
**b** Der Zug ist dein Freund.
**c** Trendy ist dein Freund.

**8.** Viele fahren nach Südamerika
**a** wegen des milden Klimas.
**b** wegen des reineren Kokains.
**c** wegen der altindianischen Ruinenstädte.

## 2. Wie heißt es auf deutsch?

**1.** Quisiera una habitación doble. **2.** ¿Hay mosquitero? **3.** Claro que sí. **4.** ¿Dónde está la playa? **5.** ¿Para cuántas personas, por favor? **6.** Aquí tiene la llave. **7.** El tren es tu amigo. **8.** No está muy lejos. **9.** Hoy no, tal vez mañana.

# Prüfstand

Z

## 3. Welche ist die richtige Antwort?

**1.** ¿Cuándo sale el autobús?
**a** Claro que sí.
**b** A las cinco de la tarde.

**2.** ¿A qué hora llega el tren a Huancayo?
**a** A la una y media.
**b** No, al día.

**3.** ¿Es directo?
**a** No, para en Latacunga.
**b** No soy marinero.

**4.** ¿Tiene cabañas?
**a** Sí, hay mosquitos.
**b** Sí, ¿para cuántas personas?

**5.** ¿Dónde está la salida?
**a** A las tres.
**b** Aquí no más.

**6.** ¿Hay un avión a Punta Arenas?
**a** Sí, en el baño.
**b** No, no tiene aeropuerto.

## 4. Auf *castellano?*

**1.** Was kostet das Ticket?
**2.** Wann kommt das Flugzeug an?
**3.** Wo ist die Toilette?
**4.** Wo ist der Busbahnhof?
**5.** Wann fährt der Zug ab?
**6.** Ist es weit?
**7.** Wieviel Uhr ist es?
**8.** Wo ist der Strand?

## 5. Was paßt zusammen?

**1.** tres boletos
**2.** ¿para cuántas
**3.** el boleto vale
**4.** el autobús llega
**5.** ¿dónde está

**a** veinte pesos
**b** el aeropuerto?
**c** a las cinco de la tarde
**d** a Iquitos, por favor
**e** personas?

# ¿Qué hay de comer?

## Essen und Trinken

*Und wenn sie aßen, die guten Leute aus dem Volke,*
*schwitzten und verbrannten sie sich.*
*Und die Gemüsekrapfen sind heiß, glühend heiß,*
*sie essen sie heiß, Schaum steht vor ihren Nasen ...*

So steht es schon bei den alten Azteken, und *picante* – scharf wird nach wie vor überall auf dem lateinamerikanischen Kontinent gegessen. Mais, Bohnen und *chili*-Schoten (alleine die Mexikaner kennen 80 verschiedene Sorten) bilden die Grundlage der Ernährung seit Urzeiten. In den Ländern mit hohem indianischem Bevölkerungsanteil ist es zu einer gelungenen Synthese altindianischer und spanischer Kochkunst gekommen. Überall an der Küste bereichert zusätzlich frischer Fisch die Küche. *Ceviche*, roher, in Limonensaft eingelegter und mit *chili* gewürzter Fisch, oder auch Krabben, Krebse und Muscheln finden sich auf den Speisezetteln der Anrainer von Atlantik und Pazifik.

Getrunken wird zum Essen neben Mineralwasser und Limonaden vor allem *cerveza* – Bier. In Chile und Argentinien gibt es eine lange Tradition im Weinbau mit entsprechend hervorragenden Weinen. *Tequila*, *mezcal*, *ron*, *pisco* heißen die vielgetrunkenen *aguardientes* – Schnäpse, denen man sich nur vorsichtig nähern sollte.
In den Küchen der besseren Hotels wird mittlerweile der internationale Einheitsbrei zusammengekocht. Auch in den Restaurants der Touristenzentren wird immer mehr Rücksicht auf nordamerikanische oder europäische Eßgewohnheiten genommen. Gleichwohl verteidigen die *latinos* ihre Eßkultur weitaus erfolgreicher als manches andere. Die einfachen bis mittleren Restaurants bieten bisweilen mit bescheidenen Mitteln eine erstaunlich exotische und abwechslungsreiche Landesküche, die auch anspruchsvollen Essern Geschmackserlebnisse bereitet. Darüber hinaus wird in den Städten an jeder Straßenecke in Garküchen herumgebrutzelt. Von den klassischen Maisspezialitäten *tacos*, *tamales*, *enchiladas*, *humitas*

über mit Hackfleisch gefüllte *empanadas* bis hin zu *cuy*, dem am Spieß gebratenenen Meerschweinchen, reicht das lokale Angebot.

Es weckt ungute Gefühle, die lukullischen Genüsse in einem Kontinent zu preisen, in dem die Hälfte der Bevölkerung an Unter- oder Fehlernährung unterschiedlichen Grades leidet. Aus Amerika stammen zwar Kartoffel, Mais, Tomate, Kakao und Schokolade, um nur einige zu nennen. Doch für viele *latinos* und insbesondere für die *indígenas* bedeutet Ernährung: morgens Mais und Bohnen, mittags Mais und Bohnen, abends Mais und Bohnen, bis dann und wann ein Happen Hühnerfleisch besondere Festtage markiert.

Makabrerweise tritt in Südamerika der moderne Hunger vermehrt in Gestalt armer Leute auf, die Törtchen, Kartoffelchips und Süßigkeiten aus Plastiktüten knabbern, dazu Limonaden oder die unvermeidliche Cola süffeln. Vor allem die Kinder sind Zielgruppe für ein mörderisches Marketingkonzept, mit dem die Konzerne ihren transnationalen Nahrungsschrott auf den südamerikanischen Markt und in die – nicht nur kindlichen – Sehnsüchte boxen. Hoher Preis und geringer Nährwert charakterisieren die Zivilisationsprodukte der Multis. *Pan Bimbo* und *Coca-Cola* sind zum Symbol geworden. Das pappige Weißbrot und das braune Zuckerwasser haben längst mit unaufhaltbarem Erfolg den *tortilla*-Vorhang (so nennen die US Amerikaner verächtlich die Grenze zu México) überschritten und Feuerland erreicht.

**Gastronomische Palette**

| | |
|---|---|
| **el restaurante** | Restaurant |
| **el bar** | Kneipe, keinesfalls (Nacht-)Bar |
| **la cafetería** | Café mit Kneipenbetrieb |
| **la heladería** | Eiscafé |
| **la pizzería** | dreimal dürfen Sie raten |
| **el restaurante chino** | Chinese |
| **las palapas** | Strandkneipe |
| **la discoteca** | was wohl? |

**Bestellung!**

Die einfachste Art, um etwas zu bestellen, lautet: *Para mí ..., por favor.* Damit kommt man überall gut über die Runden. Das Bitte am Schluß der Bestellung bitte nicht vergessen. Man kann in Südamerika nicht oft genug «bitte» sagen.

**quiere** *Sie wollen*

**desayunar** *frühstücken*

**el desayuno** *das Frühstück*

**el café con leche** *der Milchkaffee*

**tanto** *soviel*

**la carne** *das Fleisch*

**oiga** *hören Sie!*

**¿qué quiere Usted?** *was wünschen Sie?*

**para mí** *für mich*

**el pan tostado** *das Toastbrot*

**la mantequilla** *die Butter*

**entonces** *also*

**la carta** *die Karte*

**lo siento** *es tut mir leid*

**el huevo** *das Ei*

**los huevos revueltos** *die Rühreier*

**un poco de** *ein bißchen*

**el pan** *das Brot*

**los hot cakes** *die Pfannkuchen*

**el jugo natural** *der frisch ausgepreßte Saft*

**¿algo más?** *noch etwas?*

**es todo** *das ist alles*

**Geschmäcker**

| | |
|---|---|
| **dulce** | süß |
| **salado** | salzig |
| **agrio** | sauer |
| **amargo** | bitter |

**Frühstück in allen Variationen**

| | |
|---|---|
| **un desayuno americano** | *Toastbrot, Butter, Marmelade, Kaffee* |
| **un desayuno continental** | *Pfannkuchen oder Eier, Saft, Kaffee* |
| **huevos revueltos** | *Rühreier* |
| **huevos fritos** | *Spiegeleier* |
| **huevos pasados por agua** | *gekochte Eier* |
| **huevos rancheros** | *Eier nach Cowboyart, mit viel Chili* |

**Oiga**

Weit verbreitet, aber unhöflich sind Löffelklappern, Händeklatschen, Fingerschnalzen oder Zischen. Um sich bemerkbar zu machen, sollte man «*oiga*» rufen oder einfach «*señor/señorita, por favor*». Gebräuchlich ist auch: «*mesero/mesera, por favor*» oder «*mozo/moza, por favor*».

7

# Reden

## Das Frühstück

| | |
|---|---|
| **Buenos días.** | Guten Tag. |
| ***¿Quiere desayunar?*** | *Möchen Sie frühstücken?* |
| **Sí, por favor, ¿qué hay?** | Ja, bitte, was gibt es? |
| ***Hay desayuno americano o continental.*** | *Es gibt amerikanisches oder kontinentales Frühstück.* |
| **Para mí solamente un café con leche.** | Für mich nur einen Milchkaffee. |
| ***¿Tanto? ¿No quiere carne?*** | *Soviel? Möchten Sie kein Fleisch?* |
| **Uyyy, ¡por favor!** | Ohoo, ich bitte Sie! |

| | |
|---|---|
| **¡Oiga!** | Hallo! |
| ***Un momento.*** | *Einen Moment.* |
| **¡¡Oiga!!** | Halloo!! |
| ***Sí, ¿qué quiere Usted?*** | *Ja,was wünschen Sie?* |
| **Para mí pan tostado con mantequilla y café.** | Für mich Toastbrot mit Butter und Kaffee. |
| ***Entonces un desayuno americano.*** | *Also ein amerikanisches Frühstück.* |
| **Sí, señor.** | Ja, der Herr. |
| ***Muy bien.*** | *Sehr gut.* |

| | |
|---|---|
| **La carta, por favor.** | Die Karte bitte. |
| ***Lo siento, solamente hay huevos.*** | *Ich bedaure, es gibt nur Eier.* |
| **Entonces para mí huevos revueltos.** | Also dann für mich Rühreier. |
| ***¿Quiere café?*** | *Möchten Sie Kaffee?* |
| **Sí, señor, y un poco de pan.** | Ja, der Herr, und ein bißchen Brot. |
| ***Ahorita.*** | *Sofort.* |

| | |
|---|---|
| ***Un desayuno continental, por favor.*** | *Bitte ein kontinentales Frühstück.* |
| **¿Con hot cakes o con huevos?** | Mit Pfannkuchen oder mit Eiern? |
| ***Con huevos fritos y un jugo natural.*** | *Mit gebratenen Eiern und einem frischgepreßten Fruchtsaft.* |
| **¿Algo más?** | Sonst noch etwas? |
| ***No, gracias, es todo.*** | *Nein danke, das ist alles.* |

**Achtung Endung**

| | |
|---|---|
| doscient**as** | cam**as** |
| doscient**os** | pes**os** |
| trescient**as** | hamac**as** |
| trescient**os** | moment**os** |
| cuatrocient**as** | person**as** |
| cuatrocient**os** | barc**os** |

**Fragen**

| | |
|---|---|
| **¿qué?** | was? |
| **¿tanto?** | soviel? |
| **¿cuánto?** | wieviel? |

## Üben

(7)

**1. Sie sitzen ganz ungeduldig in der Kneipe. Rufen Sie den Kellner und bestellen Sie:**

*«Oiga señor, un* ***café****, por favor.»*

**1.** café **2.** desayuno americano **3.** pan con mantequilla
**4.** café con leche **5.** huevos revueltos **6.** jugo natural **7.** Coca-Cola
**8.** la carta.

**2. Sie sitzen am Schreibtisch und überlegen, welche Antwort korrekt ist:**

**1.** ¿Quiere desayunar?
**a** Algo más.
**b** Para mí un café con leche.

**2.** ¿Cuánto es?
**a** Son las cuatro.
**b** Cuatrocientos pesos.

**3.** ¿No hay café?
**a** No, es todo, gracias.
**b** No hay café con leche.

**4.** ¿Cuánto vale el desayuno?
**a** Lo siento.
**b** Seiscientos pesos.

**5.** ¿No tienen hot cakes o huevos?
**a** No señor, lo siento.
**b** Aquí tiene la carta.

**3. Sie sitzen im Restaurant und wollen mehr:**

**1.** un jugo – dos jug....
**2.** un desayuno – dos desayun.........
**3.** un pan – dos pan........
**4.** una carta – dos cart........
**5.** una mantequilla – dos mantequill........
**6.** un café – dos caf........
**7.** una leche – dos lech........

**4. Sie sitzen in der U-Bahn und befürchten, es könnte Probleme mit dem Frühstück geben. Bereiten Sie sich innerlich darauf vor:**

**1.** Was kostet ein Frühstück? **2.** Es tut mir leid.
**3.** Dann ein amerikanisches Frühstück. **4.** Ein bißchen Brot.
**5.** Möchten Sie frühstücken? **6.** Für mich bitte einen Fruchtsaft.

8 lesen

**El desayuno – Das Frühstück.**

In Lateinamerika hat man morgens nur zwei Möglichkeiten: deftig oder dürftig. Nur die besseren Hotels bieten einen Frühstücksservice an, bestehend aus einem müden Kaffee, Marmelade und einem in der Regel ungetoasteten Toastbrot, für das die Lateinamerikaner den eingespanischten Ausdruck *sandwich* bereithalten und das entsprechend aussieht. Aber wer frühstückt in Südamerika schon im Hotel. Die Alternative in einer *cafetería* besteht in der Regel aus Eiern in vielfältigen Variationen, mal gespiegelt, gebacken, gerührt und mit scharfen Soßen versetzt, aber nie gekocht. Als Abwechslung zu den unvermeidlichen Eiern, die man in Ermangelung kontinentaler Marmelade-Aufschnitt-Frühstückskultur im Laufe einer langen Reise bis zum Überdruß zu sich nimmt, kommt als nächsthärtere Variante gleich ein Fleischgericht an die Reihe, das am frühen Morgen auch nicht jedermanns Sache ist.

Natürlich finden sich entlang des *gringotrails*, etwa am Lago de Atitlán in Guatemala, in Otavalo in Ecuador oder in Cuzco in Perú immer wieder von europäischen Aussteigern betriebene Oasen, wo Müsli und Cornflakes, Schinken und Käse zu selbstgebackenem Schwarzbrot gereicht werden. An solche Orte denkt man bei der Weiterreise gerne zurück.

Apropos Brot: Fragt man Langzeitreisende, was sie in Südamerika am meisten vermißt haben, so lautet häufig die Antwort: richtiges Brot.

Apropos Kaffee: Er ist in seinen Herkunftsländern mitunter derartig schlecht, daß man einen Instant-Kaffee vorzieht.

**«sí, cómo no»**

Immer dann, wenn man sich nicht festlegen möchte, hilft ein «ja, warum nicht », auf castellano *«sí, cómo no»*, womit man sich alles offenhält. Manchmal heißt es «ja, klar», manchmal kann es aber auch bedeuten: «Eigentlich nicht, aber ich wage das nicht zu sagen.»

**3x Papa**

Zu unzähligen Witzen und Wortspielen überall in Lateinamerika lädt die unterschiedliche Bedeutung des Wortes *papa* ein:

| | |
|---|---|
| **1.** el pap**á** | der Vater |
| **2.** el **P**apa | der Papst |
| **3. la** papa | die Kartoffel |

**la cerveza** *das Bier*

**algo más** *sonst noch etwas*

**el cóctel de camarones** *der Krabbencocktail*

**el plato** *der Teller, die Portion*

**algún, alguna** *(dazu) ein, -e*

**ceviche** *in Limone eingelegter, roher Fisch*

**el pescado** *der Fisch*

**nada más** *nichts mehr*

**tomar** *trinken*

**en seguida** *sofort*

**las palapas** *Palmhütte, Strandbar*

**allí** *dort*

**enfrente** *gegenüber*

**el bar** *die Bar*

**la casa** *das Haus*

**otro** *noch ein*

**la cuenta** *die Rechnung*

### Cócteles in allen Variationen

| | |
|---|---|
| **Pisco sour** | Pisco mit Limone, Eiweiß und evtl. Zucker |
| **Cuba libre** | Cola mit Rum |
| **Piña colada** | Ananas mit Kokosmilch und Rum |
| **Daiquiri** | Wodka mit Limone und Eis |
| **Margarita** | Tequila mit Limone und Eis |

### Wo bin ich?

**aquí** hier
**allí** dort

### Eine einfache, aber effektive Frage

***¿De qué es ..... la sopa, la comida, el cóctel ?***
Was ist drin in der Suppe, im Essen, im Cocktail?

### Achtung Toiletten

Ausgeschildert und beschriftet sind sie mit *00, servicios* oder *baño.* Die gebräuchlichste Frage nach dem stillen Örtchen lautet: *¿Dónde está el baño?* – Und nicht etwa: *¿Dónde está el closet?* (Wer pinkelt schon in den Wandschrank?)

### Vom Río Grande bis Kap Horn:

Der Trinkspruch in América Latina lautet: «*Arriba, abajo, al centro y adentro*» d.h. nach oben, nach unten, zur Mitte und rein damit.

### Wichtig für die Gesundheit:

Nie Leitungswasser trinken, immer nach *agua purificada* – gereinigtem Wasser fragen oder eine Flasche *agua mineral* verlangen.

## In der Kneipe

| | |
|---|---|
| *Buenos días.* | *Guten Tag.* |
| **Hola, buenos días.** | Hallo, guten Tag. |
| ***Dos cervezas, por favor.*** | *Zwei Bier, bitte.* |
| **¿Algo más, algo para comer?** | Sonst noch etwas, etwas zum Essen? |
| **Sí, un cóctel de camarones.** | *Ja, einen Krabbencocktail.* |
| ***¿Un plato de carne o algún ceviche?*** | Ein Teller Fleisch oder etwas Mariniertes? |
| **Sí, para mí un ceviche de pescado.** | *Ja, für mich eingelegten Fisch.* |
| ***¿Nada más?*** | Sonst nichts? |

| | |
|---|---|
| **Buenas tardes.** | *Guten Tag.* |
| ***¿Qué quieren tomar, señores?*** | Was möchten die Herren trinken? |
| **Un pisco sour y un cuba libre, por favor.** | *Einen Pisco Sour und einen Cuba Libre, bitte.* |
| ***Muy bien, en seguida.*** | Sehr gut, sofort. |

| | |
|---|---|
| ***Perdón, ¿dónde están las palapas?*** | Entschuldigung, wo sind die Strandbars? |
| **Allí están, enfrente de la playa.** | *Dort sind sie, gegenüber vom Strand.* |
| ***¿Dónde está el bar?*** | Wo ist die Bar? |
| **Aquí, en la casa.** | *Hier im Haus.* |

| | |
|---|---|
| **¿Otra cerveza para el señor?** | Noch ein Bier für den Herrn? |
| ***No, nada más.*** | *Nein, nichts mehr.* |

| | |
|---|---|
| ***La cuenta, por favor.*** | *Die Rechnung bitte.* |
| **Voy.** | Ich komme. |
| ***Oiga, la cuenta, por favor.*** | *Hallo, die Rechnung bitte.* |
| **Un momentito.** | Einen kleinen Moment. |
| ***Oiga, por favor, ¡¡la cuenta!!*** | *Halloo, bitte die Rechnung!!* |
| **Ahorita.** | Sofort. |

### Verkleinerungsformen

kennen keine Grenzen. Die inflationäre Verwendung treibt absurde Blüten, beispielsweise wenn die *viejita*, die kleine Alte, *en la mañanita*, am Morgenlein, sozusagen *ahoritita*, sofortleinchen, den *montecito*, das Berglein, hinuntergeht, um *rapidito*, schnellchen, bei der *hijita*, dem Töchterchen, einen *cafecito*, Kaffeechen, zu trinken.

# Üben

**1. Sie sind Gast. Fragen Sie nach dem Preis. Achten Sie auf den Artikel «el» oder «la».**

*«La* ***cerveza****, ¿cuánto es?»*

**1.** cerveza **2.** cóctel de camarones **3.** pescado **4.** vino **5.** ceviche
**6.** café con leche **7.** pan tostado **8.** desayuno continental **9.** pescado.

**2. Sie sind Kaffeehaussitzer, überlegen Sie, was paßt:**

| | |
|---|---|
| **1.** para mí | **a** ja, warum nicht |
| **2.** en la playa | **b** zu essen |
| **3.** de comer | **c** für mich |
| **4.** sí, cómo no | **d** es tut mir leid |
| **5.** lo siento | **e** am Strand |

**3. Sie sind Gast. Sie haben sich den Bauch vollgeschlagen in einem teuren Restaurant, aber leider kein Geld dabei zum Zahlen. Zur Strafe dürfen Sie kellnern:**

*«Quiere una* ***cerveza****?»*

**1.** cerveza
**2.** desayuno americano
**3.** ceviche de pescado
**4.** cóctel de camarones
**5.** huevos fritos
**6.** café con leche
**7.** la cuenta
**8.** agua mineral con gas
**9.** vino tinto

**4. Sie sind gespalten. Als Kellner nehmen Sie die Bestellung auf und fragen nach mehr. Als Gast sagen Sie, daß es reicht:**

Kellner: *«Una* ***cerveza****. ¿Otra más?»*
Gast: *«No, no quiero otra* ***cerveza****.»*

**1.** cerveza **2.** pan con mantequilla **3.** café **4.** tortilla **5.** hamburguesa
**6.** vino tinto **7.** jugo natural **8.** cóctel de camarones **9.** ensalada.

**5. Sie sind *latino*. Wie nennen Sie es?**

**1.** die Rühreier **2.** der Rotwein **3.** der Krabbencocktail
**4.** das Mineralwasser **5.** das Frühstück **6.** sofort.

**Los restaurantes**
Die Auswahl ist überall groß. Es überwiegen sehr einfache Restaurants, die meist ohne Rücksicht auf unseren Zeitgeist eingerichtet sind, aber in denen die Stimmung gut ist. Essen gehen ist vergleichsweise billig und gehört in Lateinamerika nicht nur zum Vergnügen der wohlhabenden Leute. Je vornehmer und teurer ein Restaurant ist, um so leerer und steifer präsentiert es sich. Mit Ausnahme einiger Großstädte geht man recht früh zum Abendessen, etwa wie bei uns und keineswegs so spät wie in Spanien.
Neben den Restaurants gibt es unzählige Garküchen und Eßstände auf den Märkten und auf den Straßen. Auch wenn die auf offenem Feuer brutzelnden Gerichte noch so verführerisch aussehen, sollte man sie in den ersten Wochen des Aufenthalts besser meiden, bis sich der Körper auf die fremdartige Küche eingestellt hat.

**La propina**
Das Grundgehalt der Kellnerinnen und Kellner ist überall sehr gering. Das Trinkgeld – die *propina* – bildet einen festen Bestandteil ihres Einkommens. Fünf bis zehn Prozent des Rechnungsbetrags sollte man auf jeden Fall zurücklassen, falls es sich nicht um einen reinen Familienbetrieb handelt.

**Engañar**
Übers Ohr hauen – manch einer leidet im Ausland an einer Paranoia: Er denkt, alle Welt wolle ihn, wenn es ans Bezahlen geht, über den Tisch ziehen. In der Regel sind die Kellner recht korrekt (was man von den Taxifahrern nicht unbedingt behaupten kann). Natürlich kann es trotzdem passieren, daß ein Kellner ungebeten mal kein Wechselgeld herausrückt oder um 20 Prozent aufschlägt. Wer unsicher ist, der kann sich die *lista de precios,* die Preisliste, zeigen lassen. Beim Taxifahren heißt es: den Preis vorher aushandeln beziehungsweise darauf achten, daß der *taxímetro* eingeschaltet ist.

**Zweimal tener**

**tener hambre**
Hunger haben
**tener que trabajar**
arbeiten müssen

**1. tener** = haben, besitzen
**2. tener que** = müssen

**Zweimal tomar**

| | |
|---|---|
| **tomar el tren** | den Zug nehmen |
| **tomar un vino** | einen Wein trinken |

**tomar → 1. nehmen 2. trinken**

**comer** *essen*

**tenemos** *wir haben*

**el hambre** *der Hunger*

**la sopa** *die Suppe*

**el menú del día** *das Tagesgericht*

**la ensalada de tomates**
*der Tomatensalat*

**la naranja** *die Orange*

**el pollo** *das Hähnchen*

**el arroz** *der Reis*

**las papas fritas** *die Pommes frites*

**la salsa** *die Soße*

**picante** *scharf*

**una orden** *eine Portion*

**el vaso** *das Glas*

**el agua mineral** *das Mineralwasser*

**el postre** *die Nachspeise*

**el flan** *der Karamelpudding*

**buen provecho** *guten Appetit*

**te gusta** *dir schmeckt*

**la comida** *das Essen*

### Sonst noch was?

| | |
|---|---|
| **alguna cerveza** | ein Bier |
| **algún vino** | ein Wein |
| **algo más** | sonst noch etwas |
| **un poco de pan** | ein bißchen Brot |
| **nada más** | nichts mehr, es reicht |

### Wichtigstes Verb: tener

| | |
|---|---|
| **tengo** | ich habe |
| **tienes** | du hast |
| **tiene** | er/sie hat; Sie haben |
| **tenemos** | wir haben |
| **tienen** | ihr habt |
| **tienen** | sie haben |

**«tienen»** bedeutet 1. ihr habt 2. sie/Sie haben

### Sich nicht festlegen

*«más o menos»* – ungefähr, mehr oder weniger. Es wird ständig bei Preisen, Zeit- und Entfernungsangaben benutzt.

## Abendessen

| | |
|---|---|
| ***Buenas noches.*** | *Guten Abend.* |
| **Hola, buenas noches.** | Hallo, guten Abend. |
| ***¿Quieren comer?*** | *Möchten Sie essen?* |
| **Sí, tenemos hambre, ¿qué hay?** | Ja, wir haben Hunger, was gibt's ? |
| ***Tenemos sopa, pescado y el menú del día.*** | *Es gibt Suppe, Fisch und das Tagesmenü.* |
| **Para mí solamente una ensalada de tomates.** | Für mich nur einen Tomatensalat. |
| ***Muy bien.*** | *Sehr gut.* |
| ***Oiga.*** | *Hallo.* |
| **Sí, ¿qué quiere tomar?** | Ja, was möchten Sie trinken? |
| ***Un jugo de naranja.*** | *Einen Orangensaft.* |
| **En seguida.** | Sofort. |
| **Hoy tenemos pollo.** | Heute haben wir Hähnchen |
| ***¿Con arroz?*** | *Mit Reis?* |
| **No, con papas fritas y una salsa.** | Nein, mit Pommes und einer Soße. |
| ***¿Es picante?*** | *Ist es scharf?* |
| **Sí, señor.** | Ja, der Herr. |
| ***Muy bien, entonces para mí una orden de pollo.*** | *Sehr gut, dann für mich eine Portion Hähnchen.* |
| **¿Qué toman?** | Was trinken Sie? |
| ***Una cerveza y un vaso de agua mineral.*** | *Ein Bier und ein Glas Mineralwasser.* |
| **Ahorita.** | Sofort. |
| ***¿Quiere un postre?*** | *Möchten Sie Nachtisch?* |
| **Sí, cómo no. ¿Qué postres tiene?** | Ja, warum nicht. Welchen Nachtisch haben Sie? |
| ***Hay flan o naranjas.*** | *Es gibt Pudding oder Orangen.* |
| **Entonces flan.** | Dann Pudding. |
| **Buen provecho.** | Guten Appetit. |
| ***Muchas gracias.*** | *Vielen Dank.* |
| **¿Te gusta la comida ?** | Schmeckt dir das Essen? |
| ***Sí, cómo no.*** | *Ja, natürlich.* |

**Guten Appetit**

Mit *buen provecho* wünscht man sich in Lateinamerika guten Appetit. Beim Essen erkundigt man sich mit *¿le gusta la comida?*, ob es schmeckt.

## Üben

### 1. Grübeln Sie auf *castellano*:

**1.** eine Soße **2.** ein Huhn mit Reis **3.** ein Tagesgericht **4.** eine Suppe **5.** ein Orangensaft **6.** eine Portion Pommes **7.** das amerikanische Frühstück **8.** ein Toastbrot **9.** ein Krabbencocktail **10.** ein Bier **11.** das Essen **12.** guten Appetit.

### 2. Grübeln Sie, welche Antwort paßt:

**1.** ¿Qué hay de comer?
**a** El menú del día y pescado.
**b** Buen provecho.

**2.** ¿Te gusta la comida?
**a** Tenemos pollo con arroz y salsa.
**b** Sí, gracias, mucho.

**3.** ¿Quiere algo para tomar?
**a** Sí, una cerveza, por favor.
**b** Buen provecho.

**4.** ¿De comer?
**a** Un vino tinto.
**b** Un menú del día.

**5.** ¿Tienen hambre?
**a** No, un agua mineral, por favor.
**b** No, no tenemos hambre.

**6.** ¿Nada más?
**a** No tenemos pescado.
**b** Bueno, sí, un cóctel de camarones.

### 3. Grübeln Sie, was zusammengehört:

**1.** un menú
**2.** un desayuno
**3.** un vino
**4.** una ensalada
**5.** un jugo

**a** de naranja
**b** tinto
**c** del día
**d** americano
**e** de tomates

### 4. Grübeln Sie in der Mehrzahl:

**1.** una ensalada – cuatro ......
**2.** una cerveza – nueve .......
**3.** un vaso – dos .............
**4.** un vino – cinco ............
**5.** un plato – diez ............
**6.** un jugo – muchos .........
**7.** un pollo – tres .............
**8.** un pescado – cinco .........
**9.** una carne – ocho ..........
**10.** un pan – tres .............
**11.** un postre – siete ..........
**12.** un bar – muchos ..........

## Alle Wörter

### Morgens

**Milchkaffee**
*el café con leche*

**Frühstück**
*el desayuno*

**Orangensaft**
*el jugo de naranja*

**Brot**
*el pan*

**getoastetes Brot**
*el pan tostado*

**Butter**
*la mantequilla*

**Ei**
*el huevo*

**Marmelade**
*la mermelada*

### Mittags

**Hunger**
*el hambre*

**Karte**
*la carta*

**guten Appetit**
*buen provecho*

**Portion**
*la orden, la porción*

**Essen**
*la comida*

**Hähnchen**
*el pollo*

**Fisch**
*el pescado*

**Soße**
*la salsa*

**Fleisch**
*la carne*

**Tagesgericht**
*el menú del día*

**Nachspeise**
*el postre*

**Pommes frites**
*las papas fritas*

**Reis**
*el arroz*

**Suppe**
*la sopa*

**Tomatensalat**
*la ensalada de tomates*

### Strandkneipe

**Bar**
*el bar*

**Strand**
*la playa*

**Haus**
*la casa*

**Strandbar aus Palmen**
*las palapas*

**Krabbencocktail**
*el cóctel de camarones*

**roher eingelegter Fisch**
*el ceviche*

### Abends

**Mineralwasser**
*el agua mineral*

**Bier**
*la cerveza*

**Rotwein**
*el vino tinto*

**Sie**
*usted*

**Teller, Portion**
*el plato, la ración*

**Glas**
*el vaso*

**Rechnung**
*la cuenta*

**sofort**
*ahorita, en seguida*

**ja, warum nicht**
*sí, cómo no*

### Drum und Dran

**was?**
*¿qué?*

**ein bißchen**
*un poco de*

**ein, dazu ein**
*algún*

**also**
*entonces*

**für mich**
*para mí*

**nichts mehr**
*nada más*

**gegenüber**
*enfrente*

**sehr**
*mucho*

**sonst noch etwas**
*algo más*

**soviel**
*tanto*

**dort**
*allí*

**scharf**
*picante*

**noch ein**
*otro*

### Verben

**essen**
*comer*

**frühstücken**
*desayunar*

**hören Sie!**
*oiga*

**es tut mir leid**
*lo siento*

**Sie wollen**
*quiere*

**ich komme/gehe**
*voy*

**haben**
*tener*

**trinken**
*tomar, beber*

**es gefällt dir**
*te gusta*

**müssen**
*tener que*

## Ecuador – Perú – Bolivia

*Frage: Wo sind die Fischschwärme vor der Pazifikküste geblieben, die euch Peruaner noch vor Jahren zur größten Fischfangnation der Welt machten? Antwort: In Peru sind die Zeiten so schlecht, daß uns selbst die Sardellen wegschwimmen.*

In den drei Andenstaaten leben auf einer Fläche von 2,7 Millionen $km^2$ rund 43 Millionen Einwohner, unter ihnen nach wie vor viele *indígenas.* Nach der Zerstörung der Inkakultur entstand hier das Vizekönigreich Perú. Einige Ausdrücke aus der Welt der Inkas finden sich im heutigen ecuadorianischen, peruanischen und bolivianischen *castellano* wieder. Weiterhin gesprochen werden die indianischen Sprachen *quechua* und *aymara.*

**arraray** – autsch, schreit der, der sich gerade verbrennt.

**ayayay** – auaaa, schreit der, dem gerade etwas weh tut.

**achachay** – brr, schreit der, der in die Kälte gerät.

**cacho** – ein Brocken, auch: lustige Geschichte. In Verbindung mit Menschen kann es zum Beispiel ein Dummkopf sein: *cacho de tonto,* oder als *poner los cachos* das Fremdgehen umschreiben; *cachudo* ist demnach der Betrogene.

**chapa** – ist der Späher, wird abfällig für Geheimpolizisten und Spitzel benutzt.

**cholo** – Mischling, abwertend für die aus den unteren Volksschichten, *chola* ist das Dienstmädchen.

**cocha** – kommt aus dem *quechua* und bedeutet kleiner See, wie er in den Anden so häufig ist.

**coca** – heißt der Strauch, der seit Inkazeiten am Osthang der Anden kultiviert wird, *hojas de coca* sind die Kokablätter, die man auf den indianischen Märkten kaufen kann, *cocaleros* sind die Kokapflanzer.

**cuy** – Meerschweinchen als kulinarische Spezialität; *cuyanos* hingegen ist die unfreundliche Bezeichnung für die argentinischen Nachbarn.

**páramo** – nennt man die unwirtlichen, kahlen, kalten Hochflächen in den Anden, *llanuras* sind die Hochtäler.

**naco** – nicht zu verwechseln mit den *narcos,* den Drogendealern; heißt sowohl der Kautabak als auch der Kartoffelbrei, deshalb benutzt man es ebenso wie *pijo* vor allem für Muttersöhnchen.

**picaflor** – Kolibri, wörtlich: wer mit den Blumen schnäbelt, gemeint ist der Schürzenjäger und Don Juan.

**plástico** – oberflächlich, eine bildungsbürgerliche Bezeichnung für vieles, was wenig Niveau hat.

**yapa** – kleines Geschenk, eine kleine Zugabe beim Kauf.

## Z Hier fehlt's

**Lesen Sie sich die Dialoge durch, und tragen Sie die fehlenden Wörter ein. Wenn Sie nicht mehr weiterwissen, dann dürfen Sie auf die nächste Seite schielen:**

**En el restaurante**

Hola, ............ noches.
*Muy buenas noches.*
¿Qué hay .... comer?
*Hoy tenemos carne con ensalada.*
¿Algo más?
*Bueno, hay pollo o el menú del día.*
¿No tiene carne con arroz?
*Sí, hay.*
Bueno, un .......... de pescado entonces.
*¿Nada más?*
Sí, una ............. de tomates .
*Muy bien. ¿Para tomar?*
Una cerveza y una Pepsi.
*Muy bien. ¿Algún postre?*
Sí, una naranja, ..... favor.

¿Quiere comer?
*Sí, cómo no. ¿Qué ........... Ud.?*
Tenemos pollo con papas y una salsa.
*¿Es picante?*
No, no es muy .........
*Entonces dos platos de ........*
¿Quieren cerveza con la comida?
*Sí, dos ................, por favor.*

La cuenta por favor.
*Voy.*
Oiga, la ....... por favor.
*Un momentito.*
Oiga, por favor, ¡¡la cuenta!!
*En seguida. Son cien pesos .*
¿Tanto? Uyy, ¡no ...... dinero!

## Hier steht's

**Hören Sie sich die Dialoge von der Cassette an. Vergleichen Sie dann die Lösungen, die Sie gefunden haben, und sprechen Sie einfach nach:**

### Im Restaurant

Hola, buenos días.
*Muy buenos días.*
¿Qué hay de comer?
*Hoy tenemos carne con ensalada.*
¿Algo más?
*Bueno, hay pescado o el menú del día.*
Bueno,un plato de pescado y una sopa.
*¿Nada más?*
Sí, una ensalada de tomates.
*Muy bien. ¿Para tomar?*
Un vino tinto y una Coca Cola.
*Muy bien. ¿Algún postre?*
Sí, un flan, por favor.

¿Quiere comer?
*Sí, cómo no. ¿Qué tiene Usted?*
Tenemos ceviche con papas y una salsa.
*¿Es picante?*
No, no es muy picante.
*Entonces dos platos de ceviche.*
¿Quieren vino con la comida?
*Sí, dos vasos de vino, por favor.*

La cuenta por favor.
*Ahorita.*
Oiga, la cuenta por favor.
*En seguida.*
Oiga, por favor, ¡¡la cuenta!!
*Voy. Son doscientos pesos.*
¿Tanto? ¡ehh, ehh, no tengo plata!

Ⓩ

# Prüfstand

## 1. Haben Sie aufgepaßt?

**1.** «Papas fritas» bedeutet
**a** frische Väter.
**b** Pommes frites.
**c** schwangerer Papst.

**2.** «Cuy», das Meerschweinchen
**a** ist vom Aussterben bedroht.
**b** ißt man nicht.
**c** ist ein peruanisches Nationalgericht.

**3.** «Ceviche de pescado» bedeutet
**a** in Limonensaft eingelegter Fisch.
**b** Bohneneintopf.
**c** Fischsuppe.

**4.** «Cóctel de camarones» ist ein
**a** Krabbencocktail.
**b** Cocktail aus Kamerun.
**c** Maronencocktail.

**5.** Lateinamerikaner essen in der Regel
**a** gar nicht.
**b** kein Schweinefleisch.
**c** ziemlich scharf.

**6.** «Baños» sind
**a** Orte der Meditation.
**b** elastische Seile.
**c** Toiletten.

## 2. Vorsicht, Grammatik. Welcher Satz ist falsch?

**1.** **a** Aquí tiene el pollo.
**b** Aquí tiene la pollo.

**2.** **a** Entonces un pan con mantequilla.
**b** Entonces una pan con mantequilla.

**3.** **a** Muchísimas gracias.
**b** Muchísimos graciosas.

**4.** **a** ¿Dónde está el baño?
**b** ¿Dónde es el baño?

**5.** **a** ¿Quiere un desayuno continental?
**b** ¿Quiera un desayuno continental?

## 3. Rätsel:

**1.** Man bekommt es amerikanisch oder vom Kontinent.
**2.** Er gilt als der beste Koch.
**3.** Man kann ihn sowohl trinken als auch essen.
**4.** Differenz zwischen Realpreis und Echtzahlung.
**5.** In Öl gebackene Väter können es nicht sein.
**6.** Man macht sie selten ohne den Wirt.
**7.** Früher wurde sie im Faß geschlagen.
**8.** Gibt es nur am Strand.

## 4. Wenn er's übersetzt, greift der *latino* sich an den Kopf:

**1.** ein Kaffee mit Fisch
**2.** eine Biersuppe
**3.** ein Hühnercocktail
**4.** Eier mit Marmelade
**5.** ein Teller Orangensaft
**6.** das Frühstück mit Fisch
**7.** ein Glas Kartoffeln

## 5. Was stimmt, a, b oder c?

**1.** Aquí ... la carta.
**a** papa
**b** tiene
**c** comer

**2.** Para mí una ... de papas fritas.
**a** hamaca
**b** orden
**c** hay

**3.** Hoy ... ceviche de pescado.
**a** momentito
**b** papas
**c** tenemos

**4.** Una ... de carne, por favor.
**a** ahorita
**b** ceviche
**c** porción

**5.** ¿Quiere ...?
**a** baño
**b** desayunar
**c** oiga

**6.** Una ... de pollo con papas y salsa.
**a** buen provecho
**b** adiós
**c** orden.

## Keine Kohle

# No tengo plata

Die 500-Jahr-Feiern der «Entdeckung» Amerikas, von den indianischen Völkern boykottiert und statt dessen als *día de la dignidad india* – Tag der indianischen Würde begangen, sind längst vorbei. Aber auch für die nichtindianischen *latinos* gab es zum *quinto centenario* wenig Anlaß für eine *fiesta.* Die Schere zwischen Arm und Reich ist immer weiter auseinandergeklafft. Vielen *latinos* fehlt schlicht und einfach das Geld, um überhaupt etwas kaufen zu können. Man fragt sich, wie Millionen von Menschen unter den gegebenen ökonomischen Bedingungen über die Runden kommen.

So paradox es klingen mag, die einfachen Leute kaufen oft am teuersten ein. Am billigsten sind die Produkte nämlich in den großen *supermercados* – Supermärkten der Metropolen, die meist nur mit dem Auto zu erreichen sind. Alle, die über ein Auto verfügen, also von der Mittelschicht an aufwärts, tätigen dort ihren Großeinkauf. An den *cajas* – Kassen warten

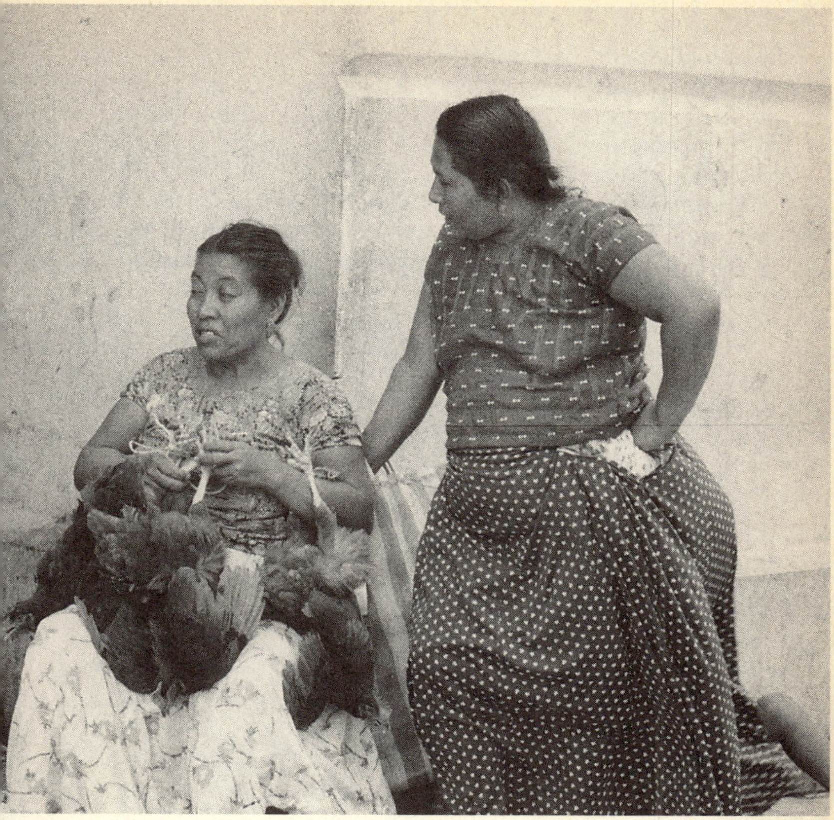

sie geduldig in langen Schlangen, bis sie an die Reihe kommen. Kleine Jungs stehen bereit und helfen gegen ein Trinkgeld, die Waren in eine Unzahl von Plastiktüten zu verpacken. Das einzige Produkt, das es in ganz Lateinamerika im Überfluß und auch noch umsonst gibt, ist die *bolsa de plástico.*

Alle Autolosen müssen in kleinen, teureren *tiendas* – Läden ihren Einkauf besorgen, in denen auch die Mittelschicht ihren täglichen Kleinkram besorgt. *Más caro* – noch teurer sind (wenn sie nicht gerade dort angebaut werden) die Produkte auf dem Land, denn bis sie dort ankommen, sind sie schon durch die Hände verschiedener *intermediarios* – Zwischenhändler gewandert, die natürlich auch alle ordentlich verdienen wollen. Einkaufen ist oft ein Akt der Kommunikation, besonders für Hausfrauen und Dienstmädchen. Der Kontakt in den Läden ermöglicht eine soziale Interaktion außerhalb der Familie. Sie wird erleichtert durch das Fehlen von Ladenschlußzeiten, wie wir sie kennen. Mit Ausnahme der *siesta* – Mittagsruhe hängt die Öffnungszeit mehr von der Lust und Laune des Ladenbesitzers ab als von Feiertagen, Wochenenden oder Nachtruhe. Aber auch, wenn mal wider Erwarten ein Laden geschlossen sein sollte, kann man klopfen und abwarten, was dann passiert. Vor der Theke im Geschäft geht schon mal eine knappe halbe Stunde drauf, bis man endlich bedient wird. Die Zeit bleibt stehen, wenn die Hausfrauen anfangen, irgendeine der täglichen unsäglichen *telenovelas* – Fernsehserien zu kommentieren. Wenn Männer diese Bühne hausfraulichen Austausches betreten, werden sie manchmal bevorzugt mit der Begründung bedient *tiene que trabajar* – er muß arbeiten, ohne daß sich unter den Frauen Widerstand regt oder dieser Verstoß gegen die Gleichberechtigung überhaupt registriert würde. Erst dem *¿algo más?* – sonst noch was? des Verkäufers gelingt es, die Unterhaltung kurzfristig zu unterbrechen oder in geschäftliche Bahnen zu lenken.

**Siesta, ¿sí o no?**

| | |
|---|---|
| **abierto** | offen |
| **cerrado** | zu |
| **día festivo** | Feiertag |
| **día laboral** | Arbeitstag |
| **¿cuándo abre?** | wann öffnen Sie? |
| **¿cuándo cierra?** | wann schließen Sie? |
| **¿abre Usted mañana ?** | haben Sie morgen geöffnet? |

**El mundo del dinero – die Welt des Geldes**

In den meisten Ländern heißt die Währung *peso*. Die Ausnahmen:

| | |
|---|---|
| Guatemala | **el quetzal** |
| Nicaragua | **el córdoba** |
| Honduras | **el lempira** |
| El Salvador | **el colón** |
| Costa Rica | **el colón** |
| Panamá | **el balboa** |
| Venezuela | **el bolívar** |
| Ecuador | **el sucre** |
| Perú | **el sol** |
| Bolivía | **el boliviano** |
| Paraguay | **el guaraní** |

**¿qué desea Usted?**
*was wünschen Sie?*

**la fruta** *das Obst*

**todo** *alles*

**el kilo** *das Kilo*

**la sandía** *die Wassermelone*

**debo** *ich schulde*

**por supuesto** *selbstverständlich*

**a ver** *mal sehen*

**el queso** *der Käse*

**esto es** *dies ist*

**la carnicería** *die Metzgerei*

**soy vegetariana**
*ich bin Vegetarierin*

**¡qué triste!** *wie traurig!*

**el pan integral** *das Vollkornbrot*

**el gramo** *das Gramm*

**el jamón york** *gekochter Schinken*

**¿puede ser?** *kann (es) sein?*

**un poquito** *ein bißchen*

**¿ya está?** *reicht es?*

**el langostino** *die Garnele*

**grande** *groß*

**el dinero** *das Geld*

**¿Puede ser un poquito más? – Kann es ein bißchen mehr sein?**

*poder* – können ist eines der wichtigsten Verben. Leider wird es ein klein wenig unregelmäßig konjugiert:

| | | | |
|---|---|---|---|
| **puedo** | ich kann | **podemos** | wir können |
| **puedes** | du kannst | **pueden** | ihr könnt |
| **puede** | er/sie kann | **pueden** | sie können |
| **puede** | Sie können | **pueden** | Sie können |

**¿qué desea Usted? – ¿qué quieren Ustedes?**

Was wünschen Sie? – Was wollen sie? Notwendig ist das **Usted** oder **Ustedes** eigentlich nicht, wird aber in Lateinamerika ständig benutzt, als höfliche Anrede (Sie) oder mit Freunden (ihr). Wo es herkommt? Aus dem Altspanischen, ursprünglich hieß es *vuestra merced* – Euer Gnaden.

## Auf dem Markt und im Laden

| | |
|---|---|
| **¿Qué desea Usted?** | Was wünschen Sie? |
| ***¿Tiene fruta?*** | *Haben Sie Obst?* |
| **Por supuesto. Hay de todo.** | Klar. Es gibt von allem. |
| ***Entonces dos kilos de naranjas.*** | *Also zwei Kilo Orangen.* |
| **Dos kilos ... ¿Algo más?** | Zwei Kilo ... Sonst noch was? |
| ***¿Tiene sandías?*** | *Haben Sie Wassermelonen?* |
| **Tengo unas sandías muy buenas.** | Ich habe einige sehr schöne Wassermelonen. |
| ***¿Son de aquí?*** | *Sind die von hier?* |
| **Claro que sí.** | Na klar. |
| ***Entonces una sandía.*** | *Dann eine Wassermelone.* |
| **Muy bien. Aquí tiene todo.** | Sehr gut. Hier haben Sie alles. |
| ***¿Cuánto debo?*** | *Was schulde ich?* |
| **A ver, ciento ochenta y ciento cincuenta – trescientos treinta pesos.** | Mal sehen, 180 und 150 – 330 Pesos. |

| | |
|---|---|
| **Buenas tardes.** | Guten Tag. |
| ***¿Qué desea Usted?*** | *Was wünschen Sie?* |
| **¿Tiene queso?** | Haben Sie Käse? |
| ***Señora, esto es una carnicería.*** | *Meine Dame, dies ist eine Metzgerei.* |
| **Soy vegetariana.** | Ich bin Vegetarierin. |
| ***¡Qué triste!, pero tenemos pan integral.*** | *Wie traurig, aber wir haben Vollkornbrot.* |
| **Entonces un pan integral.** | Also ein Vollkornbrot. |
| ***Muy bien. ¿Algo más?*** | *Sehr gut, sonst noch etwas?* |
| **No, gracias, ¿cuánto vale?** | Nein danke, was kostet es? |
| ***Son ciento noventa pesos.*** | *Das macht 190 Pesos.* |

| | |
|---|---|
| **¿Qué desea Usted?** | Was wünschen Sie? |
| ***Cien gramos de jamón york.*** | *100 Gramm gekochten Schinken.* |
| **¿Puede ser un poquito más?** | Kann's ein bißchen mehr sein? |
| ***Sí, cómo no.*** | *Ja, klar.* |
| **¿Ya está?** | Fertig? |
| ***... y doscientos cincuenta gramos de camarones.*** | *... und 200 Gramm Krabben.* |
| **Solamente tenemos langostinos.** | Wir haben nur Garnelen. |
| ***Bueno, ¿cuánto vale el kilo?*** | *Gut, was kostet das Kilo?* |
| **El kilo a ocho mil, señorita.** | Das Kilo 8000, junge Frau. |
| ***¿Tanto?*** | *So viel?* |
| **¡Son langostinos grandes!** | Es sind Riesengarnelen! |
| ***Gracias, no tengo tanto dinero.*** | *Danke, ich habe nicht soviel Geld.* |

# Üben

10

## 1. Wie lautet die geschliffene Übersetzung?

**1.** qué triste
**2.** por supuesto tenemos
**3.** esto es una carnicería
**4.** no hay camarones
**5.** los pollos son de aquí
**6.** como usted quiera
**7.** puede ser un poquito más
**8.** cuánto vale

**a** dies ist eine Metzgerei
**b** wieviel kostet es
**c** wie Sie wünschen
**d** die Hähnchen sind von hier
**e** kann's ein bißchen mehr sein
**f** es gibt keine Krabben
**g** wie traurig
**h** selbstverständlich haben wir

## 2. Wie lautet die professionelle Antwort?

**1.** ¿Qué desea Usted?
**a** Buenas tardes.
**b** Un kilo de langostinos, por favor.

**2.** ¿Tiene Usted sandías?
**a** Tenemos solamente naranjas.
**b** Son de aquí.

**3.** ¿Cuánto vale?
**a** Son trescientos.
**b** Son las tres.

**4.** ¿Algo más?
**a** Nada más.
**b** Más o menos.

**5.** ¿Los camarones son de aquí?
**a** Por supuesto.
**b** Esto es una carnicería.

**6.** ¿Tiene pollos?
**a** Papas fritas.
**b** Por supuesto.

## 3. Wie lautet die Frage nach ...?

«*¿Tiene **queso**?*»

**1.** Käse **2.** gekochtem Schinken **3.** Vollkornbrot **4.** Kartoffeln **5.** Reis **6.** Tomaten **7.** Krabben **8.** Milchkaffee **9.** Orangen.

## 4. Wie lautet es, wenn der Verkäufer es nicht hat?

«*No tengo **papas**.*»

**1.** Kartoffeln **2.** Kaffee **3.** Garnelen **4.** Butter **5.** Pommes frites **6.** Fisch **7.** Bier **8.** Apfelsinensaft **9.** Tomaten.

**Los Mercados**

San Cristóbal de las Casas und Oaxaca in Mexico, Chichicastenango und Sónala in Guatemala, Otavalo in Ecuador, Pisac in Perú sind wegen ihrer großen Indianermärkte weit über Amerika hinaus bekannt. Diese Orte sind fester Programmpunkt der Reiseveranstalter. Aber der Ansturm der Touristen hat den Märkten nicht viel von ihrer Faszination nehmen können, erst recht nicht den Tausenden von kleinen, kaum bekannten Märkten Mittel- und Südamerikas, auf denen die Bevölkerung ihre Einkäufe an einheimischen Lebensmitteln tätigt und wo wie eh und je gehandelt und gefeilscht wird.

Zu den einprägsamsten Bildern einer Amerikareise gehören die sorgfältig aufgeschichteten Frucht- und Gemüsetürme auf den Märkten, die billige, aber effektvolle Verzierung der Stände mit Girlanden aus buntem Krepppapier, die appetitliche Anrichtung von Fisch und Käse auf sattgrünen Palmblättern. Wer zusieht, was auf dem Markt mit fünf Tomaten oder Kartoffeln geschieht, wie sie vorsichtig und kunstvoll zu einer kleinen Pyramide aufgebaut werden, der gewinnt einen Eindruck von der Liebe der *latinos* zu ihren Lebensmitteln, aber auch von dem Wert, den für viele bereits fünf Tomaten darstellen.

**Nach dem Wechselkurs fragen**

**¿a cuánto está el dolar hoy ?**
wie steht der Dollar heute?

**Nach dem Preis fragen**

**¿cuánto es?** wieviel kostet's?
**¿cuánto vale?** wieviel kostet's?
**¿cuánto debo?** wieviel schulde ich?
**¿cuánto cuesta?** wieviel kostet's ?

**Nichts wert sein**

**La vida no vale nada** – das Leben ist nichts wert.
So heißt das bekannteste mexikanische Volkslied.
**No vale la pena** – es lohnt die Mühe nicht.
**Vale** – abgemacht, geht in Ordnung.
**Vale madre** – soviel Wert wie die Mutter (böses Schimpfwort).

**dígame** *sagen Sie mir*
**el poncho** *der Umhang*
**bonito** *hübsch*
**al fondo** hinten
**la señorita** *das Fräulein*
**la pregunta** *die Frage*
**a sus órdenes** *zu Diensten*
**la artesanía** *das Kunsthandwerk*
**el piso** *das Stockwerk*
**el suéter** *der Pullover*
**caro** *teuer*
**barato** *billig*
**feo** *häßlich*
**también** *auch*
**necesito** *ich brauche*
**el pantalón** *die Hose*
**tampoco** *auch nicht*
**el sombrero** *der Hut*
**no sé** *ich weiß nicht*
**la planta baja** *das Erdgeschoß*
**a la derecha** *rechts*

### Die regelmäßige Konjugation

**llegar** ankommen

| | |
|---|---|
| **llego** | ***ich komme an*** |
| **llegas** | ***du kommst an*** |
| **llega** | ***er/sie kommt an*** |
| | ***Sie kommen an*** |
| **llegamos** | ***wir kommen an*** |
| **llegan** | ***ihr kommt an*** |
| **llegan** | ***sie /Sie kommen an*** |

genauso fast alle Verben mit der Endung **-ar**:

| | | | |
|---|---|---|---|
| **comprar** | kaufen | **llamar** | an-, rufen |
| **desear** | wünschen | **buscar** | suchen |
| **necesitar** | brauchen | **parar** | anhalten |
| **desayunar** | frühstücken | **tomar** | nehmen, trinken |
| **firmar** | unterschreiben | **trabajar** | arbeiten |

### Unregelmäßig, trotzdem wichtig:

**estar** sich befinden

| | |
|---|---|
| **estoy** | **estamos** |
| **estás** | **están** |
| **está** | **están** |

# 11 Reden

## Im Kaufhaus

| | |
|---|---|
| **¿Señor?** | Der Herr? |
| ***Dígame ...*** | *Ja, bitte ...* |
| **¿Tiene ponchos?** | Haben Sie Ponchos ? |
| ***Sí, tenemos ponchos muy bonitos.*** | *Ja, wir haben sehr schöne Ponchos.* |
| **¿Dónde están?** | Wo sind die? |
| ***Aquí al fondo.*** | *Hier hinten.* |

| | |
|---|---|
| **¿Señorita?** | Fräulein? |
| ***Dígame ...*** | *Ja, bitte ...* |
| **Tengo una pregunta.** | Ich habe eine Frage. |
| ***Sí, a sus órdenes.*** | *Ja, zu Ihren Diensten.* |
| **¿No tiene artesanía?** | Haben Sie kein Kunsthandwerk? |
| ***Sí, en el segundo piso.*** | *Doch, im zweiten Stock.* |

| | |
|---|---|
| **Señor, ¿cuánto vale el suéter?** | Mein Herr, wieviel kostet der Pullover? |
| ***Veinte quetzales.*** | *Zwanzig Quetzales.* |
| **Es caro.** | Das ist teuer. |
| ***No señorita, es barato.*** | *Nein Fräulein, das ist billig.* |
| **Pero son feos.** | Die sind aber häßlich. |
| ***También hay otros.*** | *Es gibt auch andere.* |

| | |
|---|---|
| **Señorita, por favor...** | Fräulein, bitte. |
| ***¿Sí?*** | *Ja?* |
| **Necesito un pantalón.** | Ich brauche eine Hose. |
| ***Pero aquí no tenemos.*** | *Aber hier haben wir keine.* |
| **¿Y tampoco tiene sombreros?** | Und haben Sie auch keine Hüte? |
| ***No sé.*** | *Ich weiß nicht.* |

| | |
|---|---|
| **¿Señorita?** | Fräulein? |
| ***Dígame ...*** | *Sagen Sie ...* |
| **El baño ¿dónde está?** | Die Toilette, wo ist die? |
| ***En la planta baja, a la derecha.*** | *Im Erdgeschoß, rechts.* |

**Was? – Wie bitte?**

Muß man am Anfang leider häufig benutzen. Die *latinos* sagen meistens *¿mandé?* (kommt von mandar – befehlen) und nicht das brutale *¿qué?*, wenn sie etwas nicht verstanden haben.

## 1. Wie sagt man auf *castellano*?

**1.** Im Erdgeschoß rechts.
**2.** Wo sind die Hüte?
**3.** Wir haben keine Toilette.
**4.** Kunsthandwerk im zweiten Stock.
**5.** Ich brauche eine Hose.
**6.** Den Pullover, bitte?
**7.** Ich weiß nicht.

## 2. Wie übersetzt man vom *castellano*?

**1.** Tengo una pregunta.
**a** Ich habe Kummer.
**b** Ich habe eine Frage.

**2.** ¿Tiene pollos?
**a** Haben Sie Kinderlähmung?
**b** Haben Sie Hähnchen?

**3.** Bueno, no sé.
**a** Es ist nicht gut.
**b** Nun, ich weiß nicht.

**4.** Voy a preguntar.
**a** Ich werde fragen.
**b** Ich gehe surfen.

**5.** Esto es una carnicería.
**a** Das ist eine Metzgerei.
**b** So ist der Karneval.

**6.** En la planta baja.
**a** Die Pflanze fällt.
**b** Im Erdgeschoß.

## 3. Wie fragt man auf *castellano*?

*«¿Dónde están los* ***sombreros****?»*

**1.** die Hüte **2.** die Toilette **3.** die Hosen **4.** die Pullover **5.** die Metzgerei **6.** das Kunsthandwerk **7.** die Herren **8.** das Fräulein **9.** die Ponchos.

## 4. Wie antwortet man sinnvoll auf *castellano*?

**1.**¿Dónde está el baño?
**a** En la planta baja, a la derecha.
**b** En el closet.

**2.** ¿Tiene ponchos?
**a** Aquí al fondo.
**b** En el baño es barato.

**3.** ¿Una pregunta por favor?
**a** En el segundo piso.
**b** Sí, a sus órdenes.

**4.** ¿Tiene artesanía?
**a** Necesito un pantalón.
**b** No, lo siento.

**5.** ¿Necesita algo?
**a** ¿Tiene sombreros?
**b** ¿Algo más?

**Recuerdos**

Souvenirs – was sonst kauft man als Tourist? Etwa 40 Millionen *indígenas* leben auf dem amerikanischen Kontinent. Sie sind die Bewahrer alter kunsthandwerklicher Fertigkeiten. Ihre Tradition hat sich natürlich besonders gut in den Ländern mit einer reichen präkolumbianischen Kultur und einem hohen indianischen Bevölkerungsanteil erhalten und weiterentwickelt. In Mexiko, Guatemala, Ecuador, Peru und Bolivien kann man sich besonders auf den großen Indianermärkten vom *sombrero* bis zum *poncho* mit allem eindecken, was man zu Hause garantiert nicht anzieht. Auf der Reise getragen, erregt es bei den südamerikanischen Betrachtern entweder Heiterkeit oder Unverständnis, aber keinesfalls Bewunderung. Ein *poncho* macht noch keinen Indianer.

Gold- und Silberschmuck, schwarze Korallen, Türkise und Juwelen sind in Lateinamerika weitaus billiger zu haben als in Europa. Die Gier nach Gold, die Suche nach dem ominösen *El Dorado* war ein Hauptmotiv für die *conquista*, die Eroberung. Selbst in den teuersten Juweliergeschäften Limas oder Bogotas ist *regatear* – handeln angesagt. Übrigens eine gute Übung zum Einprägen von Zahlen und typischen Redewendungen rund ums Geld.

Ein Vorschlag für die Völkerverständigung: Auch wer niemanden in *América Latina* kennt, sollte nicht nur dort einkaufen, sondern auch ein paar Geschenke für unverhoffte Begegnungen dorthin mitnehmen.

**Schön und häßlich**

| | |
|---|---|
| El sombrero **me gusta.** | El sombrero **es feo.** |
| La hamaca **me gusta.** | La hamaca **es fea.** |
| Los sombreros **me gustan.** | Los sombreros **son feos.** |
| Las hamacas **me gustan.** | Las hamacas **son feas.** |

**Indianer heute**

Dem Irrtum des Kolumbus verdankt die amerikanische Urbevölkerung ihren Namen. Die wörtliche Übersetzung *indios* hat immer einen abwertenden, abschätzigen Beigeschmack. Am besten bezeichnet man die indianische Bevölkerung als *indígenas* oder direkt mit dem Namen des Volkes wie *maya*, *zapoteca* oder *peguche*.

**puedo** *ich kann*
**el río** *der Fluß*
**difícil** *schwierig*
**¿por qué?** *warum?*
**porque** *weil*
**puro** *rein, nur*
**la selva** *der Urwald*
**el camino** *der Weg*
**el mapa** *die Landkarte*
**la región** *die Gegend*
**el volcán** *der Vulkan*
**me gustan** *gefallen mir*
**fácil** *leicht*
**el país** *das Land*
**busca** *Sie suchen*
**el guía** *der Führer*
**por aquí** *irgendwo hier*
**el viaje** *die Reise*
**vale la pena** *die Mühe lohnt sich*

## Monate

| | | | |
|---|---|---|---|
| **enero** | Januar | **julio** | Juli |
| **febrero** | Februar | **agosto** | August |
| **marzo** | März | **setiembre** | September |
| **abril** | April | **octubre** | Oktober |
| **mayo** | Mai | **noviembre** | November |
| **junio** | Juni | **diciembre** | Dezember |

In Lateinamerika gibt es im Prinzip nur zwei Jahreszeiten: **temporada de lluvias** – Regenzeit · **temporada seca** – Trockenzeit

## Schmecken, gefallen und mit viel Vergnügen

| | |
|---|---|
| Me gusta el volcán. | Der Vulkan **gefällt** mir. |
| Me gusta el Tequila | Der Tequila **schmeckt** mir. |

«gustar» ist multifunktional und heißt **1.** gefallen **2.** schmecken. Praktisch, oder? Beim Vorstellen *mucho gusto* – mit Vergnügen (im Sinne von hocherfreut) nicht verwechseln mit *me gustas* – du gefällst mir, sonst kann es Probleme geben, zumindest wenn der *novio* – Freund dabei ist.

## Sein und müssen

Extrem unregelmäßig, trotzdem wichtig

| | | | |
|---|---|---|---|
| **ser** | sein | **tener que** | müssen |
| **soy** | **somos** | **tengo que** | **tenemos que** |
| **eres** | **son** | **tienes que** | **tienen que** |
| **es** | **son** | **tiene que** | **tienen que** |

## In der Wildnis

| | |
|---|---|
| **¿Sí, señor?** | Ja, Herr? |
| ***¿Cómo puedo llegar al río?*** | *Wie komme ich zum Fluß ?* |
| **Es muy difícil, señor.** | Es ist sehr schwierig, Herr. |
| ***¿Por qué es muy difícil?*** | *Warum ist es schwierig?* |
| **Porque es pura selva.** | Weil es reiner Urwald ist. |
| ***¿No hay caminos?*** | Gibt es keine Wege? |

| | |
|---|---|
| **¿Dónde puedo comprar mapas?** | Wo kann ich Karten kaufen? |
| ***¿De la región?*** | *Von der Gegend?* |
| **Sí, me gustan los volcanes.** | Ja, mir gefallen die Vulkane. |
| ***Bueno, es fácil, hay mapas de todo el país.*** | *Gut, das ist einfach, es gibt Karten vom ganzen Land.* |

| | |
|---|---|
| **Buenas noches.** | Guten Abend. |
| ***¿Qué busca Ud?*** | *Was suchen Sie?* |
| **¿No hay guías por aquí?** | Gibt es hier keine Führer? |
| ***Claro que sí, yo soy guía.*** | *Ja, na klar, ich bin Führer.* |
| **Quisiera hacer un viaje a la selva.** | Ich möchte eine Reise in den Urwald machen. |
| ***Muy bien, vale la pena.*** | *Sehr gut, die Mühe lohnt sich.* |

### Das Bergsteigerpaket

Der **andinismo** – Alpinismus ist ein Reisegrund für viele:

| | |
|---|---|
| **el soroche** | Höhenkrankheit |
| **la mochila** | Rucksack |
| **los crampones** | Steigeisen |
| **las hojas de coca** | Kokablätter |
| **la grieta** | Gletscherspalte |
| **la cumbre** | Gipfel |

### Das kommt mir spanisch vor

heißt auf castellano:

*me parece chino*
(es erscheint mir chinesisch) immer sind die anderen dran schuld. Logisch, oder?

### Gringos überall

Jedem nicht südamerikanisch aussehenden Reisenden wird ständig das wenig freundlich gemeinte *gringo* bzw. *gringa* hinterhergerufen. Das legt sich, wenn man weit mehr als ein paar Worte *castellano* spricht.

# Üben



### 1. Drücken Sie aus, was Sie brauchen und was Sie suchen:

*«Necesito un* ***sombrero****, busco un* ***sombrero****.»*

**1.** un sombrero **2.** pan integral **3.** una playa **4.** la lista de precios **5.** un amigo **6.** una cerveza **7.** un pantalón **8.** una sandía **9.** un guía.

### 2. Drücken Sie aus, wie Sie höflich fragen:

*«¿Puedo* ***trabajar mañana****?»*

**1.** trabajar mañana **2.** buscar pantalones **3.** llegar hoy en la tarde **4.** buscar la salida **5.** tomar una cerveza **6.** viajar a Lima.

### 3. Drücken Sie aus, welche Antwort einen Sinn macht?

**1.** ¿Qué busca Usted?
**a** La playa de Puerto Barrios.
**b** La comida no vale nada.

**2.** ¿Hay guías por aquí?
**a** Tenemos también langostinos.
**b** Claro que sí.

**3.** ¿Tiene sombreros?
**a** No hay.
**b** No tenemos pantalones.

**4.** ¿Qué desea Usted?
**a** ¿No hay volcanes por aquí?
**b** Mañana es otro día.

**5.** ¿Dónde puedo desayunar?
**a** En el restaurante, a la derecha.
**b** No tenemos camarones.

**6.** ¿Dónde puedo comprar carne?
**a** En la carnicería.
**b** Con dos kilos de papas.

### 4. Drücken Sie aus, daß es Ihnen gefällt:

**1.** der Strand
**2.** das Essen
**3.** zu arbeiten
**4.** die Frauen
**5.** ein Zimmer ohne Moskitos
**6.** eine Reise in den Urwald
**7.** die Vulkane und die Flüsse
**8.** die Männer
**9.** die Hängematte

**Wochentage**

| | |
|---|---|
| **lunes** | Montag |
| **martes** | Dienstag |
| **miércoles** | Mittwoch |
| **jueves** | Donnerstag |
| **viernes** | Freitag |
| **sábado** | Samstag |
| **domingo** | Sonntag |

# Alle Wörter

## Im Gelände

**Fluß**
*el río*

**Reise**
*el viaje*

**Land**
*el país*

**Führer**
*el guía*

**Weg**
el camino

**Vulkan**
*el volcán*

**Landkarte**
*el mapa*

**Region**
*la región*

**Urwald**
*la selva*

**gegenüber**
*enfrente*

**hinten**
*al fondo*

**rechts**
*a la derecha*

**irgendwo hier**
*por aquí*

## Dies und Jenes

**alles**
*todo*

**hübsch**
*bonito*

**häßlich**
*feo*

**dies**
*esto*

**weil**
*porque*

**warum?**
*¿por qué?*

**na klar**
*claro que sí*

**ein bißchen**
*poquito*

**rein**
*puro*

**schwierig**
*difícil*

**leicht**
*fácil*

**auch**
*también*

**auch nicht**
*tampoco*

**mal sehen**
*a ver*

**Castellano für Helmut Kohl**

*No me gusta la hamaca social en el parque colectivo del tiempo libre.*
Mir gefällt die soziale Hängematte im kollektiven Freizeitpark nicht.

## Verben

**ich brauche**
*necesito*

**es lohnt sich**
*vale la pena*

**ich suche**
*busco*

**ich schulde**
*debo*

**sagen Sie mir**
*dígame*

**ich kann**
*puedo*

**was wünschen Sie?**
*¿qué desea?*

**ich weiß nicht**
*no sé*

**es reicht**
*ya está*

## Überleben

**Geld**
*el dinero*

**billig**
*barato*

**teuer**
*caro*

**Gramm**
*el gramo*

**Kilo**
*el kilo*

**Metzgerei**
*la carnicería*

**Vollkornbrot**
*el pan integral*

**gekochter Schinken**
*el jamón york*

**der Vegetarier**
*el vegetariano*

**Käse**
*el queso*

**Obst**
*la fruta*

**Wassermelone**
*la sandía*

**Frage**
*la pregunta*

## Ausgehen

**Poncho**
*el poncho*

**Hut**
*el sombrero*

**Kunsthandwerk**
*la artesanía*

**Pullover**
*el suéter*

**Hose**
*el pantalón*

**Fräulein**
*la señorita*

**Stockwerk**
*el piso*

**Erdgeschoß**
*la planta baja*

**zu Diensten**
*a sus órdenes*

**selbstverständlich**
*por supuesto*

## Chile

*Frage: Warum sollten alle Menschen froh darüber sein, daß Gott kein Chilene war?*
*Antwort: Sonst müßten sie noch immer auf den ersten Schöpfungstag warten.*

Chile hat eine merkwürdige Geographie. Es zieht sich als gut 4000 km langer Küstenstreifen von der *Atacama*-Wüste im Norden bis zur *Tierra de Fuego* im antarktischen Süden und teilt sich die höchsten Andengipfel (früher auch die Militärjuntas) mit dem Nachbarland Argentinien. Die 14 Millionen Einwohner haben viel Platz in ihrem Land, zumal sie bisher wenig von Touristen gestört werden. Das chilenische Spanisch wird leider ziemlich schnell gesprochen, die Endungen werden oft verschluckt. Andererseits hängen die Chilenen vielen Wörtern gerne ein völlig bedeutungsloses *po* an, so sagen sie *nopo* oder *sipo* für *si* o *no*.

**bencina** – sonst überall sagt man dazu *gasolina*; na, was wohl: Benzin.

**bucha** – ständig zu hörender Ausruf, der mit Menschenskind oder du meine Güte zu vergleichen ist.

**chancho** – ist sowohl in Argentinien als auch in Chile das Schwein; *chancho en piedra*, keiner weiß, woher es kommt, sind kleingehackte Tomaten mit Koriander, Öl und Salz; *me cae chancho* sagt man über jemanden, den man nicht mag.

**cachai** – vom englischen Wort *catch* abgeleitet, wird ständig für kapiert, hast du es gerafft, benutzt.

**callampa** – kommt von Pilz und bedeutet Slum; un *picante* ist ein Slumbewohner.

**choclo** – ist der junge Maiskolben, dazu ißt man häufig Avocados, die in Chile *palta* genannt werden.

**guagua** – Lappalie oder Kleinigkeit; in Cuba ist es der Bus, in Chile und im Andenraum das Baby; kommt auch als Kosename für die Freundin zum Einsatz.

**living** – mal ein echt chilenisches Wort, das Wohnzimmer meint und nie so aussieht, als ob jemand drinnen wohnen würde.

**paco** – ist die wenig schmeichelhafte Bezeichnung für den Polizisten, etwa wie Bulle.

**pololo, polola** – ein schönes Wort für fester Freund, Verlobter und sein weibliches Pendant.

**roto** – heißt eigentlich kaputt und wird in Chile sinnigerweise für Penner, Proll, Slumbewohner und sonstige Leute mit vermeintlich schlechter Erziehung benutzt.

**tomar once** – Teepause; damit die Engländer, die früher die Kupferminen kontrollierten, nicht merkten, daß es den *mineros* in Wahrheit um eine Schnapspause ging, luden die sich zum «11 trinken» ein, denn genau 11 Buchstaben hat der aguardiente.

# (Z) Hier fehlt's

**Lesen Sie sich den Dialog durch, und tragen Sie die fehlenden Wörter ein. Wenn Sie nicht mehr weiterwissen, dann dürfen Sie auf die nächste Seite schielen:**

**En el mercado de Chichicastenango**

Buenos días, señor.
*¿Qué quiere Usted, señorita?*
Busco..... hamaca, por favor.
*Aquí tenemos ......... muy bonitas.*
¿Cuánto .........?
*Cuarenta mil quetzales cada una.*
¡Es caro, señor!
*No es caro, señorita, es .........!*
Bueno, pero no me gustan mucho.
*Aquí hay más.*
¿A cuánto son estas?
*A treinta mil sucres, señorita.*
¿Tanto dinero?
*Sí, pero ..... muy bonitas.*
No, también son feas.
*¡¡¡Qué, por favor!!! Tengo una pregunta, señorita.*
Sí, cómo no, señor.
*¿Usted no ... de aquí?*
Claro que no, señor, ..... chilena.
*Ahá, chilena.*
........ también una pregunta, señor.
*Lo siento, señorita, pero tengo ... trabajar.*
¿Señor, puedo comprar esta hamaca? Me gusta.
*¡No señorita, aquí no ........ comprar nada!*

## Hier steht's

Z

**Hören Sie sich den Dialog von der Cassette an, oder lesen Sie ihn sich durch. Vergleichen Sie dann die Lösungen, die Sie gefunden haben, und sprechen Sie einfach nach:**

### Auf dem Markt von Otavalo

Buenos días, señora.
*¿Qué desea Usted?*
Busco un poncho.
*Aquí tenemos ponchos muy bonitos.*
¿Cuánto valen?
*Veinte mil sucres cada uno.*
¡Es caro, señora!
*No es caro, señor, es barato!*
Bueno, pero no me gustan mucho.
*Aquí hay más.*
¿Cuánto cuestan estos?
*A treinta mil sucres, señor.*
¿Tanto dinero?
*Sí, pero son muy bonitos.*
No, también son feos.
*¡¡¡Qué, por favor!!! .... Tengo una pregunta, señor.*
Sí, cómo no, señora.
*¿Usted no es indígena?*
Claro que no, señora, soy alemán.
*Ahá, alemán.*
Tengo también una pregunta, señora.
*Lo siento, señor, pero tengo que trabajar.*
¿Señora, puedo comprar este poncho? Me gusta.
*¡No señor, aquí no puede comprar nada!*

**Keine Lust zu kaufen**

| | |
|---|---|
| **mañana regreso** | morgen komm ich wieder |
| **ahorita no** | jetzt nicht |
| **no tengo tanto dinero** | ich habe nicht genug Geld |
| **no traigo tanto dinero** | ich habe nicht genug Geld dabei |
| **no quiero comprar** | ich kaufe nicht |
| **no lo compro** | ich kaufe das nicht |

Z

# Prüfstand

## 1. Rätselecke: Wissen Sie´s auf *castellano*?

**1.** Wer ihn umhängt, ist noch lange kein Indianer.
**2.** Kein Bett, trotzdem kann die ganze Familie drin schlafen.
**3.** Stiller, kleiner Ort, meist gekachelt.
**4.** Keine Musketiere, schützen vor Angriffen aus der Luft.
**5.** Manche sind still, viele rauchen, einige spucken.
**6.** Sie mag weder tote Meerschweinchen noch anderes totes Fleisch.

## 2. Haben Sie aufgepaßt?

**1.** *Los supermercados* sind
- **a** gut zu Fuß zu erreichen.
- **b** fast nur mit dem Auto zu erreichen.
- **c** teurer als kleine Läden.

**2.** *El peatón* ist
- **a** ein beliebtes Ziel der lateinamerikanischen Autofahrer.
- **b** der Fußkranke.
- **c** der Bleifuß.

**3.** *¿A cuánto está el dólar hoy?* bedeutet:
- **a** wie geht es dem Dollar heute?
- **b** wie viele Dollars gibt es heute?
- **c** wie steht der Dollar heute?

**4.** Was gibt es im Überfluß und auch noch umsonst in Lateinamerika?
- **a** los pescados.
- **b** los barcos.
- **c** las bolsas de plástico.

**5.** Beim Vorstellen sagt man:
- **a** mucho gusto.
- **b** me gustas.
- **c** me gusta la selva.

**6.** Ladenschlußzeiten werden in Südamerika
- **a** sehr rigide beachtet.
- **b** oft mit Abfahrtszeiten verwechselt.
- **c** locker gehandhabt.

# Prüfstand

(Z)

## 3. Was gehört zusammen?

| | |
|---|---|
| **1.** die Toilette | **a** el suéter |
| **2.** der Hut | **b** feo |
| **3.** rechts | **c** el sombrero |
| **4.** häßlich | **d** el baño |
| **5.** die Hose | **e** a la derecha |
| **6.** der Pullover | **f** bonito |
| **7.** hübsch | **g** el pantalón |

## 4. Welches Wort fällt aus der Reihe?

**1.** río – volcán – mapa – selva
**2.** poncho – pantalón – artesanía – sombrero
**3.** preguntar – buscar – poder – desear
**4.** pollo – cerveza – carne – pescado
**5.** baño – mamá – habitación – cama
**6.** señorita – señora – papa – señor

## 5. Zweimal falsch, einmal richtig:

**1.** ¿Me ... los sombreros?
**a** gustan
**b** gusto
**c** gusta

**2.** ¿Usted no ... dinero ?
**a** tengo
**b** tienes
**c** tiene

**3.** En el segundo ... a la derecha.
**a** piso
**b** pita
**c** peso

**4.** ¿Dónde (yo) ... comprar mapas?
**a** pudo
**b** puedo
**c** pueden

**5.** ¿Qué ... Ustedes?
**a** buscan
**b** busca
**c** buscas

**6.** ¿Dónde ... las playas?
**a** está
**b** están
**c** estén

## Dies und jenes

# El Cóndor pasa

Lateinamerika, das sind die steinernen Zeugnisse der Azteken im mexikanischen Hochland, das sind Mayatempel im grünen zentralamerikanischen Regenwald, endlose, schneeweiße Sandstrände vor dem türkisfarbenen Meer der Superlative, der Karibischen See, das sind ungezählte Inkaruinen in den peruanischen und bolivianischen Anden, die Galapagosinseln mit ihrer einmaligen Tierwelt vor der Küste Ecuadors, die chilenischen Osterinseln als Träger einer uralten Kultur, wilde Urwaldflüsse am Osthang der Anden, schneebedeckte Vulkane von Nord nach Süd, kalbende Gletscher in Patagonien.
Es gibt in Lateinamerika aber auch eine allerorts von Zerstörung bedrohte Natur und von Armut und Arbeitslosigkeit betroffene Menschen.

Millionen überleben in Mammutstädten, die nach ökologischen Kriterien schon längst als unbewohnbar gelten müßten. Fast überall südlich des Río Grande trifft man auf das groteske Phänomen rücksichtsloser Umweltvernichtung inmitten herrlicher Landschaften, stößt man auf das explosive Gemisch zwischen verschwenderischem Reichtum weniger und bedrückender Armut vieler.
Auch wenn die mexikanischen Zeitungen nach jedem Erdbeben schreiben: *México sigue en pie* – Mexiko steht weiterhin gerade, der peruanische Präsident den finanziellen Bankrott seines Landes mit der Bemerkung abtut: *Perú es más grande que sus problemas*, so sind die Lebensbedingungen in Lateinamerika alles andere als einfach. *Desarrollo* – Entwicklung

und *solidaridad* – Solidarität wird überall ganz groß geschrieben, aber die Erfahrungen der letzten Jahre waren eher deprimierend, so daß allenthalben von der *década perdida* – dem verlorenen Jahrzehnt die Rede ist. Obwohl fast alle Länder mittlerweile ihre Militärregimes abschütteln konnten, wird Bolivien noch immer im Guinness-Buch der Rekorde weltweit als das Land mit den meisten Militärputschen geführt. Die Mexikaner kennen mehr unterschiedliche Ausdrücke für Korruption als die Eskimos für Schnee, in Kolumbien wird schon mal der Nationalverteidiger wegen eines Eigentores bei der WM erschossen, und der Drogenhandel ist nicht nur in diesem Land der bedeutendste Wirtschaftsfaktor.

Das ist die andere Seite der lateinamerikanischen Realität, von der man in der Regel nicht allzuviel mitbekommt; vor allem auch deshalb, weil es den Bewohnern des riesigen Kontinents trotzdem gelingt, die Straßen ihrer Städte und Dörfer mit pulsierendem, heiterem, stolzem, manchmal lautem und vor allem buntem Leben zu füllen.

Natürlich ist es sinnvoll, sich auf die Lebensbedingungen im anderen Kontinent einzustellen. Und wie kann man eine fremde Kultur, eine andere Lebensweise besser kennen- und verstehen lernen als durch Gespräche. Da nur ein Bruchteil der lateinamerikanischen Bevölkerung englisch spricht, ist das Erlernen der spanischen Sprache der Schlüssel, der alle Tore öffnet – auch im wörtlichen Sinn, denn ein anregendes Gespräch findet nicht selten mit einer Einladung nach Hause seine Fortsetzung.

Nur langsam und in bestimmten sozialen Schichten gewinnt die Bezeichnung *macho* einen negativen Beigeschmack. Viele lateinamerikanische Männer brüsten sich noch immer damit, *muy macho* zu sein – geblähter Kamm, geschwellte Brust, gespreiztes Gefieder. *Machismo* ist die Zurschaustellung männlicher Potenz in vielerlei Spielarten.

Frauen allein auf Reisen brauchen manchmal – besonders in den Küstenregionen und Großstädten – starke Nerven. Vage Gerüchte über sexuelle Freizügigkeit europäischer Frauen verklumpen mit *macho*-Potenzphantasien zu der irrigen Annahme, alle Touristinnen seien auf der Suche nach einem *latin lover*. Es bieten sich unzählige Gelegenheiten, Sätze mit dem Wort *nein* zu konstruieren.

**la administración pública** *die öffentliche Verwaltung*

**el funcionario** *der Beamte*

**el trabajo** *die Arbeit*

**interesante** *interessant*

**siempre lo mismo** *immer das gleiche*

**a mí me gusta** *mir gefällt ...*

**el extranjero** *der Ausländer*

**curioso** *neugierig*

**el ama de casa** *die Hausfrau*

**el niño** *das Kind*

**la chica** *das Mädchen*

**el año** *das Jahr*

**el marido** *der Ehemann*

**viene** *kommt*

**Das *Musica latina*-Paket**

| | |
|---|---|
| **México** | mariachi |
| **Caribe** | marimba/limbo |
| **Cuba** | salsa |
| **Venezuela** | merengue |
| **Colombia** | cumbia |
| **Argentina** | tango |

**Das Survival-Militär-Paket**

| | |
|---|---|
| **el golpe** | der Staatsstreich |
| **el toque de queda** | die Ausgangssperre |
| **la persecución** | die Verfolgung |
| **la tortura** | die Folter |
| **el lacrimógeno** | das Tränengas |
| **el culón** | dickärschiger, unfähiger Soldat |

**Das Urwald-Paket**

| | |
|---|---|
| **la selva** | der Dschungel, Urwald |
| **la serpiente** | die Schlange |
| **la culebra** | die Schlange |
| **la víbora** | die Schlange |
| **el suero** | das Serum |
| **el escorpión** | der Skorpion |
| **el mosquitero** | das Moskitonetz |
| **el repelente** | die Stechmückenabwehrlotion |
| **el machete** | das Buschmesser |

## Unterhaltung

| | |
|---|---|
| ¿En qué trabaja? | Was arbeiten Sie? |
| *¿Yo? En la administración pública.* | *Ich? In der öffentlichen Verwaltung.* |
| ¿Es funcionaria? | Sind Sie Beamtin? |
| *Sí, ¿y usted?* | *Ja, und Sie?* |
| Soy capitán. | Ich bin Kapitän. |
| *¿De barco?* | *Vom Schiff?* |
| No, de avión. | Nein, vom Flugzeug. |
| *¿Es un trabajo interesante?* | *Ist das eine interessante Arbeit?* |
| No mucho, es siempre lo mismo. | Nicht sehr, es ist immer das gleiche. |
| *A mí me gusta mi trabajo ...* | *Mir gefällt meine Arbeit ...* |

| | |
|---|---|
| ¿Usted es argentino? | Sind Sie Argentinier? |
| *No, soy extranjero.* | *Nein, ich bin Ausländer.* |
| ¿Chileno? | Chilene? |
| *¡Usted es curiosa!* | *Sie sind neugierig!* |
| ¿Mejicano? | Mexikaner? |
| *¡Usted es muy curiosa!* | *Sie sind sehr neugierig!* |
| ¿Venezolano? | Venezolaner? |
| *Yo soy alemán como Usted.* | *Ich bin deutsch wie Sie.* |
| Ja, ja, jaa… | Ha, ha, haaa… |

| | |
|---|---|
| ¿Y usted? | Und Sie? |
| *Yo soy ama de casa.* | *Ich bin Hausfrau.* |
| ¿Tiene niños? | Haben Sie Kinder? |
| *Sí, tenemos dos chicas.* | *Ja, wir haben zwei Mädchen.* |
| ¿Cuántos años tienen? | Wie alt sind sie? |
| *Una tiene ocho años.* | *Eine ist acht Jahre alt.* |
| ¿Y la otra? | Und die andere? |
| *La otra tiene cinco.* | *Die andere ist fünf.* |
| ¿Y su marido? | Und Ihr Mann? |
| *Ahorita no está aquí.* | *Im Moment ist er nicht da.* |
| ¿No? | Nein? |
| *Mañana viene.* | *Morgen kommt er.* |

**venir** – kommen
**vengo**
**vienes**
**viene**
**venimos**
**vienen**
**vienen**

Üben (13)

## 1. Lösen Sie Ihre Zunge, wie alt ist ...?

*«Diego tiene* ***cuarenta y seis años****.»*

**1.** Diego, 46 **2.** Fidel, 74 **3.** Juan, 13 **4.** Eduardo, 21 **5.** Vicente, 33 **6.** María José, 69 **7.** José María, 81 **8.** José, 16 **9.** Sebastián 99.

## 2. Lösen Sie das Mißverständnis: ¿Es alemán?

*«No, no soy alemán, soy* ***venezolano****.»*

**1.** venezolano **2.** español **3.** guatemalteco **4.** chileno **5.** paraguayo **6.** panameño **7.** argentino **8.** nicaragüense **9.** peruano.

## 3. Lösen Sie das Problem Ihres Gesprächpartners, der sich den Kopf zerbricht über Ihren Beruf:

*«Soy* ***funcionario****, trabajo en la* ***administración pública****.»*

**1.** funcionario, administración pública **2.** capitán, barco **3.** profesor, universidad **4.** ama de casa, casa **5.** vegetariano, carnicería **6.** marinero, barco **7.** estudiante, universidad **8.** camarero, bar

## 4. Lösen Sie die Unsicherheit, welche Antwort paßt:

| | |
|---|---|
| **1.** ¿Tiene un trabajo interesante? | **a** Sí, el pescado es interesante.<br>**b** Sí, me gusta muchísimo. |
| **2.** ¿Dónde trabaja? | **a** En un hotel.<br>**b** En dos días. |
| **3.** ¿Usted es extranjero? | **a** Sí, soy estudiante.<br>**b** No, soy ecuatoriano. |
| **4.** ¿Tiene niños? | **a** Sí, dos días.<br>**b** Sí, dos chicas. |
| **5.** ¿Cuántos años tiene su marido? | **a** No tengo marido.<br>**b** Tengo 30 años. |

## 5. Lösen Sie das Rätsel. Füllen Sie aus:

**1.** El señor Moreno es de Buenos Aires. Su pasaporte es: ..........
**2.** José es marinero y trabaja en un: .............. grande.
**3.** María tiene un niño, el padre del niño es el: ............. de María.
**4.** Javier es de Lima, su pasaporte es: ..............
**5.** Luis pregunta mucho, Luis pregunta todo, Luis es un chico: ............
**6.** La señora Rodríguez no trabaja, está en casa, es: .................

**Donde no hay médicos**
Eigentlich gibt es überall Ärzte – oder zumindest eine *farmacia.* Apotheken sind der Renner, dauernd werden neue eröffnet. Die Angebotspalette reicht vom Schnürsenkel über Zigaretten bis zu opiumhaltigen Schmerzmitteln und Betablockern. In manchen Ländern gibt es sogar verschiedene Klassen: *farmacias de primera clase* und *farmacias de segunda clase.*
Die häufigsten Krankheiten, die der lateinamerikanische Kontinent für seine Gäste bereithält, sind Durchfall, Sonnenbrand und Höhenunverträglichkeit. Mancher kehrt aber auch mit Hepatitis oder Malaria nach Hause zurück.
Wenn man medizinischen Rat braucht und nicht gleich zum Arzt gehen will, sollte man es in einer Apotheke der ersten Klasse probieren. Die Medikamente sind nicht in jedem Land sehr billig, aber doch durchweg ohne Rezept zu erhalten. Wenn es ernst wird, sollte man natürlich besser zum Arzt gehen.
Bei Verletzungen durch Schlangen, Skorpione und anderes Getier wissen die Einheimischen am besten Bescheid, also erst einmal fragen, bevor man den Survival-Reiseführer-Tip befolgt und den betroffenen Körperteil mit der *machete* abhackt.
Wer in Lateinamerika zum Arzt oder in ein Krankenhaus muß, wird direkt zur Kasse gebeten. Sinnvoll ist eine Reisekrankenversicherung, die die vorgestreckten Beträge zu Hause gegen Vorlage der Rechnungen ersetzt und im absoluten Notfall auch den Rücktransport im Flugzeug übernimmt.

**me duele – mir tut weh**

| | |
|---|---|
| **me duele** | **la cabeza** – der Kopf |
| | **el brazo** – der Arm |
| | **la mano** – die Hand |
| | **el estómago** – der Bauch |
| | **tu amor** – deine Liebe |

Das Pendant zum männlichen Imponiergehabe ist die Verherrlichung der Mutter. Die Geliebte wird gerne als *mamacita* bezeichnet, woran sich die Europäerin auch erst mal gewöhnen muß. Nichts wirkt beleidigender als die Beschimpfung der Mutter wie *puta madre* oder *hijo de puta.*

**tomó** *Sie haben getrunken*

**comió** *Sie haben gegessen*

**comí** *ich habe gegessen*

**también** *auch*

**normal** *normal*

**el doctor** *der Doktor*

**¿cómo le va?** *wie geht es Ihnen?*

**¿qué le pasa?**
*was ist los mit Ihnen?*

**me duele** *tut mir weh*

**la cabeza** der *Kopf*

**la aspirina** das *Aspirin*

**el brazo** der *Arm*

**roto** *gebrochen*

**me caí** *ich bin gefallen*

**no se preocupe**
*machen Sie sich keine Sorgen*

**la mano** *die Hand*

**vamos a hacer**
*wir werden machen*

**la radiografía**
*die Röntgenuntersuchung*

### Vergangenheit – nicht ganz einfach

| | |
|---|---|
| **comí** | ich habe gegessen |
| ¿qué **pasó?** | was ist passiert? |
| **me caí** | ich bin gefallen |
| **comió** | Sie haben gegessen |

### Indefinido

heißt die am häufigsten gebrauchte Form der Vergangenheit, die immer dann steht, wenn etwas abgeschlossen ist. Je nachdem, ob das Verb auf -ar oder -er oder -ir endet, hat es andere Formen. Wir führen hier erst mal zwei Formen auf, die komplette Übersicht finden Sie in der Kurzgrammatik auf Seite 118.

| | | | |
|---|---|---|---|
| tom-**ar** | *nehmen, trinken* | com-**er** | *essen* |
| tom-**é** | *ich trank* | com-**í** | *ich aß* |
| tom-**aste** | *du trankst* | com-**iste** | *du aßest* |
| tom-**ó** | *sie tranken* | com-**ió** | *sie aßen* |
| tom-**amos** | *wir tranken* | com-**imos** | *wir aßen* |
| tom-**aron** | *sie/Sie tranken* | com-**ieron** | *sie/Sie aßen* |

Achtung, nicht verwechseln: *tomo* ich trinke,
*tomó* Sie tranken, er/sie trank

## Beim Arzt

| | |
|---|---|
| **Me duele el estómago.** | Mir tut der Bauch weh. |
| ***¿Qué tomó?*** | *Was haben Sie getrunken?* |
| **Nada, un vaso de agua.** | Nichts, ein Glas Wasser. |
| ***¿Y qué comió?*** | *Und was haben Sie gegessen.* |
| **Bueno, unas empanadas.** | Nun, ein paar Empanadas. |
| ***¿Nada más?*** | *Nichts mehr?* |
| **Comí también ...** | Ich habe auch gegessen ... |
| ***¿Qué?*** | *Was?* |
| **un plato de carne.** | einen Teller Fleisch. |
| ***¿Nada más?*** | *Nichts mehr?* |
| **Sí, medio pollo con salsa.** | Ja, ein halbes Hähnchen mit Soße. |
| ***¿Y?*** | *Und?* |
| **Dos postres. ¡Nada más!** | Zwei Nachtische. Nichts mehr! |
| ***Uy, uy, ¿le duele el estómago?*** | *Au, au, der Bauch tut Ihnen weh?* |
| **Sí, me duele muchísimo.** | Ja, er tut mir sehr weh. |
| ***Señora, ¡es normal con tanta comida!*** | *Meine Dame, das ist normal bei soviel Essen.* |

| | |
|---|---|
| **Buenos días, doctor.** | Tag, Herr Doktor. |
| ***Buenos días, ¿cómo le va?*** | *Tag, wie geht's Ihnen?* |
| **Pues ... no estoy muy bien.** | Nun ... mir geht's nicht sehr gut. |
| ***¿Qué le pasa?*** | *Was ist mit ihnen los?* |
| **Me duele la cabeza.** | Der Kopf tut mir weh. |
| ***¿Mucho?*** | *Sehr?* |
| **Sí, ya toda la noche.** | Ja, schon die ganze Nacht. |
| ***Bueno, necesita dos aspirinas por la mañana.*** | *Gut, Sie brauchen zwei Aspirin morgens.* |

| | |
|---|---|
| **Doctor, tengo el brazo roto.** | Doktor, mein Arm ist gebrochen. |
| ***¿Qué pasó?*** | *Was ist passiert?* |
| **No sé, ayer me caí.** | Ich weiß nicht, ich bin gestern gefallen. |
| ***A ver.*** | *Mal sehen.* |
| **¡¡¡Ayyy, ayyy!!!** | Auuuuuuu, auuuu!!! |
| ***No está roto. No se preocupe.*** | *Er ist nicht gebrochen. Machen Sie sich keine Sorgen.* |
| **Me duele la mano.** | Mir tut die Hand weh. |
| ***Entonces vamos a hacer una radiografía.*** | *Dann werden wir mal röntgen.* |

14

## Üben

### 1. Was haben Sie wohl getrunken?

*«Tomé una* ***cerveza.****»*

**1.** cerveza **2.** café con leche **3.** agua mineral **4.** jugo de naranja **5.** Coca-Cola **6.** leche **7.** vino tinto.

### 2. Was haben Sie wohl gegessen?

*«Comí un* ***cóctel de camarones.****»*

**1.** Einen Krabbencocktail. **2.** Brot mit Butter. **3.** Einen Teller marinierten Fisch. **4.** Tomatensalat. **5.** Hähnchen mit Reis. **6.** Drei Nachspeisen. **7.** Getoastetes Brot mit Marmelade. **8.** Nichts.

### 3. Welches Wort paßt wohl nicht?

**1.** jugo – sopa – mano – vino
**2.** mano – brazo – cabeza – suéter
**3.** marido – funcionario – doctor – profesor
**4.** nicaragüense – ecuatoriano – curioso – paraguayo
**5.** suéter – avión – pantalón – sombrero

### 4. Was gehört wohl zusammen?

| | |
|---|---|
| **1.** qué pasó | **a** er hat ein Bier getrunken |
| **2.** me caí | **b** er hat zu Hause gegessen |
| **3.** no comí | **c** ich bin gefallen |
| **4.** tomó una cerveza | **d** was ist passiert |
| **5.** comió en casa | **e** ich habe nicht gegessen |

### 5. Was tut wohl weh?

*«Me duele* ***el brazo.****»*

**1.** Arm **2.** Kopf **3.** Hand **4.** Magen **5.** Arbeit **6.** Chef **7.** Problem.

**todo el – toda la**

| | | | |
|---|---|---|---|
| **todo el viaje** | die ganze Reise | **toda la casa** | das ganze Haus |
| **todo el avión** | das ganze Flugzeug | **toda la fruta** | das ganze Obst |
| **todo el vaso** | das ganze Glas | **toda la mañana** | den ganzen Morgen |

beachten Sie: *todos los vasos* – alle Gläser;
in der Mehrzahl bedeutet *todos los .../todas las ...* «alle»

**La droga**
Sie ist die wahre Herrscherin über Lateinamerikas Ökonomie, auch wenn einige *capos* – Drogenbosse mittlerweile im Luxusgefängnis sitzen oder gar an die USA ausgeliefert worden sind. Da können die *gringos* noch so viele Felder abfackeln, da kann Argentiniens Präsident den Jugendlichen das Golfspielen als Ausweg aus Drogenkonsum und -kriminalität empfehlen und Oberkokser Diego Maradona, vom Saulus zum Paulus gewandelt, seine göttliche Hand *(la mano de Dios)* warnend erheben, das Geschäft mit der verarbeiteten Coca-Pflanze bleibt Wirtschaftsfaktor Nummer 1, vor dem Handel mit Öl und dem Tourismus.
Die Produzenten des Rohstoffs für das Kokain, die bolivianischen und peruanischen Cocabauern am Osthang der Andenkordillere, stehen im übrigen den Erntevernichtungsfeldzügen der Amerikaner in etwa so verständnislos gegenüber wie deutsche Winzer, wenn Gaddhafi im Namen des Propheten anfangen würde, die Weinberge am Rhein zu bombardieren, um so das islamische Alkoholverbot durchzusetzen.
Wie immer man zu Koks, den *hongos mágicos* – magischen Pilzen, dem *peyotl* oder dem *mota* stehen mag, Hände weg von den Drogen. Fast alle Ausländer, die in südamerikanischen Gefängnissen sitzen, tun dies wegen Drogen. Möglicherweise eine gute Gelegegenheit, um richtig *castellano* zu lernen, aber die Rahmenbedingungen sind absolut schrecklich, wenn man nicht gerade zum Management eines Kartells gehört.

**La corrupción**
Einem Kanonenschuß von 50 000 Pesos konnte noch nie ein General widerstehen – daran hat sich bis heute nichts geändert. Es ist von *recompensa* (Belohnung) die Rede, von *regalo* (Geschenk), von *pus* (Eiter), von *lubricante* (Schmiere), von *engrudo* (Kleister), von *crema de mano* (Handsalbe), von der *mordida* (Biß) – die Lateinamerikaner haben eine Menge Wörter für ein allumfassendes Phänomen ihres Alltagslebens parat. Wer nicht Tage in Behördenstuben verbringen will, dem bleibt nichts anders übrig, als sich bisweilen den Landessitten anzupassen und den unfreiwilligen Tarif zu entrichten. Insbesondere im Umgang mit der Polizei kann eine Problemlösung oft nur durch die diskrete Aushändigung von ein paar Scheinchen erreicht werden, unabhängig davon, ob man das Delikt nun tatsächlich begangen hat oder nicht. Dann sind Spanischkenntnisse von großem Nutzen, zum einen, um den Preis auszuhandeln, und zum anderen, um die passenden Worte bei der Übergabe zu finden, wie zum Beispiel *me puede cooperar* (können Sie mit mir kooperieren?) oder *algo para los refrescos* (etwas für die Limokasse). Dies soll keine Aufforderung zum Schmieren sein. Vorsicht ist geboten, mitunter können in Versuchung geführte Polizisten sehr böse reagieren.

**me gustaría** *es würde mir gefallen*
**¿adónde?** *wohin?*
**el mundo** *die Welt*
**el problema** *das Problem*
**por eso** *deswegen*
**digo** *ich sage*
**si** *falls*
**acompañar** *begleiten*
**de acuerdo** *einverstanden*
**la crisis** *die Krise*
**económico** *wirtschaftlich*
**vivir** *leben*
**la agencia de viajes** *das Reisebüro*
**vuelves** *du kommst zurück*
**vas a venir** *du wirst kommen*
**solo/a** *alleine*
**esperar** *hoffen*

### Zukunft leicht gemacht

| | |
|---|---|
| **vas a estar** | du wirst da sein |
| **voy a acompañar** | ich werde begleiten |

Eine einfache Umschreibung für die Zukunft: ir + a + Infinitiv

### Wichtiges Verb «ir»: gehen & fahren

| | | | |
|---|---|---|---|
| **voy** | ich gehe | **vamos** | wir gehen |
| **vas** | du gehst | **van** | ihr geht |
| **va** | er geht<br>Sie gehen | **van** | sie gehen<br>Sie gehen |

### por qué – porque

| | |
|---|---|
| **¿por qué?** | warum? |
| **porque** | weil |
| **por eso** | deswegen, darum |

### Netter Vorschlag

**¿Por qué no vamos a comer?**
Warum gehen wir nicht essen?
Wir könnten doch essen gehen.

15 Reden

## Das wäre schön

| | |
|---|---|
| **Me gustaría hacer un viaje.** | Ich würde gerne eine Reise machen. |
| ***¿Adónde?*** | *Wohin?* |
| **A todos los países ...** | In alle Länder ... |
| ***Uyy, uyy ...*** | *Oijoijoi!* |
| **... un viaje por el mundo.** | ... eine Weltreise. |
| ***Pero eso es muy caro.*** | *Aber, das ist sehr teuer.* |
| **Allí está el problema.** | Da liegt das Problem. |
| ***Pues sí señor.*** | *Genau so ist es.* |
| **Por eso digo: «me gustaría».** | Deswegen sage ich: «Ich würde gerne». |
| ***Si vas, te voy a acompañar.*** | *Falls du fährst, werde ich dich begleiten.* |
| **De acuerdo.** | Einverstanden. |

| | |
|---|---|
| **Isabel, ¿qué haces?** | Isabel, was arbeitest du? |
| ***¿Qué trabajo?*** | *Was ich arbeite?* |
| **Sí, ¿en qué trabajas?** | Ja, was arbeitest du? |
| ***Ahorita no tengo trabajo.*** | Zur Zeit habe ich keine Arbeit. |
| **¿Por qué?** | Warum? |
| ***Porque hay una crisis económica.*** | *Weil es eine Wirtschaftskrise gibt.* |
| **Entonces, ¿de qué vives?** | Also, wovon lebst du? |
| ***Allí está el problema.*** | *Da liegt das Problem.* |
| **¿Qué te gustaría hacer?** | Was würdest du gerne tun? |
| ***Me gustaría trabajar en una agencia de viajes.*** | *Ich würde gerne in einem Reisebüro arbeiten.* |

| | |
|---|---|
| **¿El año que viene vuelves?** | Nächstes Jahr kommst du wieder? |
| ***Cómo no. Me gusta Buenos Aires.*** | *Klar. Ich mag Buenos Aires.* |
| **¿Vas a venir solo?** | Wirst du alleine kommen? |
| ***No. Vas a estar también tú, ¡espero!*** | *Nein. Du wirst auch da sein, hoffe ich.* |

## 1. Welche Übersetzung bringt's?

**1.** el año que viene
**2.** todos los países
**3.** allí está el problema
**4.** te voy a acompañar
**5.** por eso digo

**a** deswegen sage ich
**b** ich werde dich begleiten
**c** im nächsten Jahr
**d** da liegt das Problem
**e** alle Länder

## 2. Welche Antwort bringt's?

**1.** ¿Adónde vas?
**a** Voy a Lima.
**b** El año que viene.

**2.** ¿De qué vives?
**a** Trabajo en un hotel.
**b** Eso es muy caro.

**3.** ¿Vas a venir solo?
**a** Viene también Carlos.
**b** Estoy solo.

**4.** ¿Qué te gustaría hacer?
**a** Comprar un coche.
**b** A todos los países.

**5.** ¿Qué te pasa?
**a** El cóndor pasa.
**b** Me duele la cabeza.

## 3. Die Zukunft bringt's:

«*Voy a* ***vivir en Buenos Aires.***»

**1.** vivir en Buenos Aires **2.** desayunar con Maradona **3.** llegar a las cinco **4.** hacer una radiografía **5.** esperar hasta mañana **6.** tomar vino blanco **7.** comprar un pantalón **8.** comer camarones **9.** trabajar en casa.

## 4. Das würde's bringen:

«*Me gustaría* ***hacer un viaje.***»

**1.** eine Reise machen
**2.** zu Hause arbeiten
**3.** einen Ferrari kaufen
**4.** einen Weißwein trinken
**5.** in Buenos Aires leben
**6.** einen Karamelpudding essen
**7.** eine Röntgenuntersuchung machen

Ⓩ Alle Wörter

## Die Welt

**Ausländer**
*el extranjero*

**neugierig**
*curioso*

**Jahr**
*el año*

**normal**
*normal*

**es würde mir gefallen**
*me gustaría*

**wohin?**
*¿adónde?*

**Welt**
*el mundo*

**Problem**
*el problema*

**einverstanden**
*de acuerdo*

**Reisebüro**
*la agencia de viajes*

**mir gefällt ...**
*a mí me gusta*

## Herr Doktor

**Doktor**
*el doctor*

**es tut mir weh**
*me duele*

**machen Sie sich keine Sorgen**
*no se preocupe*

**wie geht es Ihnen?**
*¿cómo le va?*

**was ist los mit Ihnen?**
*¿qué le pasa?*

**Kopf**
*la cabeza*

**Arm**
*el brazo*

**Hand**
*la mano*

**Röntgenuntersuchung**
*la radiografía*

**Aspirin**
*la aspirina*

**gebrochen**
*roto*

## Die Arbeit

**Hausfrau**
*el ama de casa*

**Arbeit**
*el trabajo*

**immer das gleiche**
*siempre lo mismo*

**interessant**
*interesante*

**wirtschaftlich**
*económico/a*

**Krise**
*la crisis*

**öffentliche Verwaltung**
*la administración pública*

**Beamter**
*funcionario*

## Der Rest

**Kind**
*el niño*

**Mädchen**
*la chica*

**Ehemann**
*el marido*

**auch**
*también*

**deswegen**
*por eso*

**falls**
*si*

**alleine**
*solo/a*

## Aktivitäten

**begleiten**
*acompañar*

**leben**
*vivir*

**hoffen**
*esperar*

**ich sage**
*digo*

**du kommst zurück**
*vuelves*

**er/sie/es kommt**
*viene*

**ich bin gefallen**
*me caí*

**ich habe gegessen**
*comí*

**Sie haben gegessen**
*comió*

**Sie haben getrunken**
*tomó*

**du wirst kommen**
*vas a venir*

**wir werden machen**
*vamos a hacer*

## Argentina

*Das denkbar beste Geschäft überhaupt macht man, indem man einen Argentinier zu dem Preis kauft, den er wert ist, und ihn weiterverkauft zu dem Preis, den er meint, wert zu sein.*

Mit 3,7 Millionen $km^2$ ist Argentinien nach Brasilien flächenmäßig das größte südamerikanische Land. Das argentinische Spanisch ist stark geprägt von italienischen Einwanderern, die vor allem Ende des letzten Jahrhunderts ins Land kamen; ein unverkennbarer Singsang erinnert an das Italienische. Sofort auszumachen ist das *argentino* an «ll» und «y», die beide gleich und etwa so wie unser «j» (wie Journalist) gesprochen werden: Die Vergnügungsmeile in Buenos Aires schreibt sich *calle Lavalle*, spricht sich aber ka-je lawa-je. Zu erkennen ist das *argentino* auch an der Anrede *vos*. Die Form *tú* versteht zwar jeder, kaum einer gebraucht sie aber. Am Anfang nicht ganz leicht ist die Verbform von *vos*. Es gibt sie auch in Uruguay und Paraguay, sie ähnelt der *tú*-Form, wird aber auf der letzten Silbe betont. *Vos, ¿cómo te llamás? Sos alemán?* – Du, wie heißt du? Bist du Deutscher?

**gaucho** – die südamerikanische Variante des Cowboys, zu Unrecht für den Ureinwohner der Pampa gehalten. Früher waren die *gauchos* Halbnomaden, zogen wild und frei umher. Reiten können sie wie die Teufel. Böse Zungen behaupten, zu Pferde seien sie wie Könige, wenn sie absteigen aber, wie Idioten.

**mina** – ist die ausbeutbare Mine und weil der *tanguero* auch mitunter ein Zuhälter ist, die ausbeutbare Frau. *La mina* steht für Tussi, Mieze, Schrulle, Schnalle, Geschoß, Puppe etc. Achtung, es wird durchaus auch positiv gebraucht.

**media luna** – wörtlich der halbe Mond, ist unverzichtbares Teil des Frühstücks, das Croissant nämlich.

**boludo** – ist das weitverbreitetste Schimpfwort, kommt von *las bolas*, die Hoden, und wird gebraucht wie vulgärdeutsch Arschloch oder Dummkopf. Ziemlich hart, wenn ein Argentier den anderen schimpft: *Che, vos sos un boludo.*

**porteño** – steht für alles aus Buenos Aires, *el puerto*, der Hafen, steckt drin.

**mate** – heißt der urargentinische Kräutertee. Den zu trinken ist ein sozialer Akt. In einem Kürbisgefäß werden die Blätter immer wieder mit heißem Wasser übergossen, durch eine *bombilla* – ein silbernes Saugröhrchen wird getrunken und dann weitergereicht. Die Weltmeister im Mate-Trinken sollen die Uruguayer sein, angeblich geht keiner ohne Thermosflasche unterm Arm Zigaretten holen.

## Hier fehlt's

**Lesen Sie sich den Dialog durch, und tragen Sie die fehlenden Wörter ein. Wenn Sie nicht mehr weiterwissen, dann dürfen Sie auf die nächste Seite schielen:**

**Hablar de la vida**

¿Usted es chilena?
*No, ... alemana. ¿Y usted?*
Yo soy americano.
*¿Americano?*
Sí, pero ........ en Venezuela.
*¿En qué trabaja?*
Soy .............. en la universidad de Caracas.
*Ahh, muy interesante.*
Y usted, ¿en qué tabaja?
*Yo trabajo en casa, soy ........... ..... ..........*
Muy bien. No tiene jefe entonces.
*Sí, mi ............ es mi jefe.*
¿No le gustaría trabajar?
*Sí, muchísimo.*
Entonces, ¿qué le gustaría hacer?
*Me gustaría trabajar en una ........... de viajes.*
¿Por qué?
*Pues, para viajar.*
¿Le gusta viajar?
*Sí, me gusta Dinamarca, Noruega.*
Marruecos, Grecia.
*Sí, me ............... todo el mundo.*
A mí también me gustan todos los países,
pero no .......... tiempo para viajar.

# Hier steht's

(Z)

**Hören Sie sich den Dialog von der Cassette an, oder lesen Sie ihn sich durch. Vergleichen Sie dann die Lösungen, die Sie gefunden haben, und sprechen Sie einfach nach:**

## Vom Leben reden

¿Usted es argentina?
*Sí, soy argentina. ¿Y usted?*
Yo soy colombiano.
¿Colombiano?
Sí, pero vivo en Bolivia.
*¿En qué trabaja?*
Soy profesor en la universidad de La Paz.
*Ahh, muy interesante.*
Y usted, ¿en qué trabaja?
*Yo no trabajo, soy ama de casa.*
Muy bien. No tiene jefe entonces.
*Sí, mi marido es mi jefe.*
¿No le gustaría trabajar?
*Sí, muchísimo.*
Entonces, ¿qué le gustaría hacer?
*Me gustaría trabajar en una agencia de viajes.*
¿Por qué?
*Pues, para viajar.*
¿Le gusta viajar?
*Sí, me gusta Alemania, Austria , Francia ...*
... China, Japón ...
*Sí, me gusta todo el mundo.*
A mí también me gustan  todos los países,
pero no tengo la plata para viajar.

Z

# Prüfstand

## 1. Welches Wort paßt in die Lücke?

| | |
|---|---|
| **1.** Allí ... el problema. | **a** hay<br>**b** está<br>**c** es |
| **2.** Pero eso es ... caro. | **a** mucho<br>**b** muchísimo<br>**c** muy |
| **3.** Me gustaría ... un viaje. | **a** comer<br>**b** hacer<br>**c** decir |
| **4.** Me ... tomar un café. | **a** desayuno<br>**a** leche<br>**c** gustaría |
| **5.** Yo soy ...como Usted. | **a** preguntar<br>**b** curioso<br>**c** por supuesto |
| **6.** Eduardo ... un pollo con arroz. | **a** desayunar<br>**b** comió<br>**c** tomé |
| **7.** Me ... la cabeza. | **a** duele<br>**b** doctor<br>**a** pregunta |
| **8.** ¿Vas a ... solo? | **a** venido<br>**b** gustaría<br>**c** venir |
| **9.** No soy argentino, soy ... | **a** curioso<br>**b** extranjero<br>**c** caballero |

## 2. Rätsel, die Antworten auf castellano bitte

**1.** Mehr kann sich keiner vorstellen.
**2.** So lange müssen wir warten, bis der Tag wiederkehrt.
**3.** Arbeitet viel, kriegt aber kein Geld.
**4.** Immer der mit dem anderen Paß.
**5.** Hier beginnt so manche Reise – vor dem Tisch.

## 3. Übersetzung

**1.** Sie sind sehr neugierig.
**2.** Wir haben drei Mädchen.
**3.** Er ist nicht gebrochen, machen Sie sich keine Sorgen.
**4.** Mir tut der Arm weh.
**5.** Ich mag den Strand.
**6.** Da liegt das Problem.

## 4. Wie geht der Satz weiter?

**1.** No voy a venir solo
**2.** No trabajo
**3.** Comí solo
**4.** Me duele la mano
**5.** Me gustaría muchísimo
**6.** No soy funcionario

**a** hacer un viaje a Argentina.
**b** me caí.
**c** va a venir también José.
**d** soy cocalero.
**e** soy ama de casa.
**f** una ensalada de tomates.

## 5. Haben Sie aufgepaßt?

1. Die meisten *latinos*
**a** leben in Saus und Braus.
**b** kämpfen ums überleben.
**c** kämpfen um ihr Leben.

**2** Fast alle *latino*-Länder sind
**a** pazifistisch.
**b** heute von Militärs regiert.
**c** ihre Militärregierungen los.

**3.** Ein *funcionario* ist einer, der
**a** sich überstürzt vor Tatendrang.
**b** auch mal die Hand aufhält.
**c** abwinkt.

**4.** *Siempre lo mismo* steht für:
**a** gleich und gleich.
**b** nie das gleiche.
**c** immer das gleiche.

**5.** Erster oder zweiter Klasse können
**a** *farmacias* sein.
**b** *aspirinas* sein.
**c** *cabezas* sein.

**6.** Einem Kanonenschuß von 50 000 Pesos
**a** kann kein *presidente* widerstehen.
**b** kann kein *extranjero* widerstehen.
**c** kann kein *general* widerstehen.

**7.** *Cocaleros* heißen die
**a** ekligen Küchenschaben.
**b** Cola-Süchtigen.
**c** Anbauer von Koka.

# Kurzgrammatik

## Fragewörter

haben allesamt einen Akzent auf der betonten Silbe. Einzigartig auf der Welt: das umgekehrte Fragezeichen am Anfang des Fragesatzes. Mancher Schreibmaschine soll das Kopfzerbrechen bereiten.

| | | |
|---|---|---|
| **¿adónde?** | wohin? | **¿adónde vamos?**<br>*wo gehen wir hin?* |
| **¿cómo?** | wie? | **¿cómo está el tiempo?**<br>*wie ist das Wetter?* |
| **¿cuál?** | welcher? | **¿cuál es su mochila?**<br>*welches ist Ihr Rucksack?* |
| **¿de dónde** | woher? | **¿de dónde viene?**<br>*woher kommen Sie?* |
| **¿dónde?** | wo? | **¿dónde está el terminal?**<br>*wo ist der Busbahnhof?* |
| **¿por qué?** | warum? | **¿por qué no preguntas?**<br>*warum fragst du nicht?* |
| **¿qué?** | was? | **¿qué quiere?**<br>*was wollen Sie?* |
| **¿quién?** | wer? | **¿quién es el capitán?**<br>*wer ist der Kapitän?* |

## Artikel und Adjektiv

| | |
|---|---|
| **el** latino<br>*der Lateinamerikaner*<br>**el** latino rico<br>*der reiche Lateinamerikaner* | **la** latina<br>*die Lateinamerikanerin*<br>**la** latina rica<br>*die reiche Lateinamerikanerin* |
| **los** latinos<br>*die Lateinamerikaner*<br>**los** latinos ricos<br>*die reichen Lateinamerikaner* | **las** latinas<br>*die Lateinamerikanerinnen*<br>**las** latinas ricas<br>*die reichen Lateinamerikanerinnen* |

## Der bestimmte Artikel

| | männlich | weiblich |
|---|---|---|
| Einzahl | **el** *der* | **la** *die* |
| Mehrzahl | **los** *die* | **las** *die* |

**Achtung:** die Artikel wollen mitgelernt werden. Was auf deutsch männlich oder weiblich ist, ist es auf *castellano* noch lange nicht:

| | | | |
|---|---|---|---|
| **der** Morgen | **la** mañana | **die** Sonne | **el** sol |
| **der** Mond | **la** luna | **die** Nummer | **el** número |
| **das** Büro | **la** oficina | **das** Buch | **el** libro |

**Faustregel:** Wörter auf -o sind männlich, auf -a weiblich. Es gibt nur wenige Ausnahmen, z.B.:

| | | | |
|---|---|---|---|
| **el clima** | *das Klima* | **la foto** | *das Foto* |
| **el día** | *der Tag* | **la mano** | *die Hand* |
| **el mapa** | *die Landkarte* | **la moto** | *das Motorrad* |

Bei Wörtern, die nicht auf -**o** oder -**a** enden, sollten Sie sich den Artikel dazu einprägen, z.B.:

| | | | |
|---|---|---|---|
| **el** dulce | *die Süßigkeit* | **la** carne | *das Fleisch* |
| **el** mar | *das Meer* | **la** noche | *die Nacht* |

## Plural

| | |
|---|---|
| **un** latin**o** | **dos** latino**s** |
| **una** latin**a** | **dos** latina**s** |

Wörter auf -**o** und -**a** kriegen in der Mehrzahl ein **s** dazu. Mehrzahlendung also -**os** und -**as**. Desgleichen Wörter auf -e, gleich ob sie männlich oder weiblich sind:

| | |
|---|---|
| **un** estudiant**e** | **dos** estudiant**es** |
| **una** estudiant**e** | **dos** estudiant**es** |

Alle anderen Wörter, die mit einem Konsonanten enden, erhalten in der Mehrzahl ein -**es**.

| | |
|---|---|
| un milita**r** | **dos** milita**res** |
| un me**s** | **dos** me**ses** |
| **el** alemá**n** | **los** alema**nes** |
| **la** universida**d** | **las** universida**des** |

## Verben

Die zwei guten Nachrichten zuerst: Sie brauchen nur die Endungen der Verbformen zu wissen und können das Pronomen (ich, du, er, sie, wir, ihr, sie) weglassen. Die Endung macht's nämlich, weil sie die Person beinhaltet, die etwas tut. So ist zum Beispiel -**o** immer erste Person Einzahl: ich. Trabaj**o** – *ich arbeite*, tom**o** – *ich nehme/trinke*, com**o** – *ich esse*. Sie brauchen die zweite Person Mehrzahl nicht zu lernen. Sie ist identisch mit der dritten Person Mehrzahl.

Es gibt **drei** Verbgruppen, auf -**ar**, -**er** und -**ir**. Das ist wichtig zu wissen, weil die Verbformen der einzelnen Personen unterschiedlich ausfallen.

| | -ar | -er | -ir |
|---|---|---|---|
| **Einzahl** | | | |
| 1. Person | **-o** | **-o** | **-o** |
| 2. Person | **-as** | **-es** | **-es** |
| 3. Person | **-a** | **-e** | **-e** |
| **Mehrzahl** | | | |
| 1. Person | **-amos** | **-emos** | **-imos** |
| 2. Person | **-an** | **-en** | **-en** |
| 3. Person | **-an** | **-en** | **-en** |

| tom-**ar**<br>*nehmen, trinken* | met-**er**<br>*setzen, stellen* | escrib-**ir**<br>*schreiben* |
|---|---|---|
| tom-**o** | met-**o** | escrib-**o** |
| tom-**as** | met-**es** | escrib-**es** |
| tom-**a** | met-**e** | escrib-**e** |
| tom-**amos** | met-**emos** | escrib-**imos** |
| tom-**an** | met-**en** | escrib-**en** |
| tom-**an** | met-**en** | escrib-**en** |

Die schlechte Nachricht: Es gibt eine ganze Menge unregelmäßige Verben. Die sind entweder komplett abartig und abstrus oder wenigstens regelmäßig unregelmäßig.

## Die wichtigsten «regelmäßig Unregelmäßigen»

Sie ändern meist in der Einzahl und 3. Mehrzahl (ich, du, er, sie) den Stammvokal, die 1. Mehrzahl (wir) behält den Infinitiv-Stamm.

### o → ue

**contar** *zählen/erzählen*

| | |
|---|---|
| c**ue**nto | contamos |
| *ich erzähle* | *wir erzählen* |
| c**ue**ntas | c**ue**ntan |
| *du erzählst* | *ihr erzählt* |
| c**ue**nta | c**ue**ntan |
| *er erzählt* | *sie erzählen* |

genauso: **poder** *können*, **costar** *kosten*, **probar** *probieren*, **volar** *fliegen*

### e → i

**servir** *dienen, bedienen*

| | |
|---|---|
| s**i**rvo | servimos |
| s**i**rves | s**i**rven |
| s**i**rve | s**i**rven |

genauso: **pedir** *bitten*, **repetir** *wiederholen*

### e → ie

**querer** *wollen, lieben*

| | |
|---|---|
| qu**ie**ro | queremos |
| qu**ie**res | qu**ie**ren |
| qu**ie**re | qu**ie**ren |

genauso: **entender** *verstehen*, **perder** *verlieren*, **defender** *verteidigen*

**Nur erste Person Einzahl unregelmäßig:**

### c → zc

**conducir** *führen, fahren*

| | |
|---|---|
| condu**zc**o | conducimos |
| conduces | conducen |
| conduce | conducen |

genauso: **traducir** *übersetzen*, **producir** *herstellen*

### hacer *machen*

| | |
|---|---|
| ha**g**o | hacemos |
| haces | hacen |
| hace | hacen |

ähnlich: **salir** *abfahren, rausgehen*, salgo, sales

### traer *bringen*

| | |
|---|---|
| tra**ig**o | traemos |
| traes | traen |
| trae | traen |

genauso: **caer** *fallen*

## Die wichtigsten «abartigen» Verben

### **ir** *gehen, fahren*

| | |
|---|---|
| **voy** | **vamos** |
| *ich gehe* | *wir gehen* |
| **vas** | **van** |
| *du gehst* | *ihr geht* |
| **va** | **van** |
| *er, sie geht* | *sie gehen* |

### **tener** *haben*

| | |
|---|---|
| **tengo** | **tenemos** |
| **tienes** | **tienen** |
| **tiene** | **tienen** |

### **ser** *sein*

| | |
|---|---|
| **soy** | **somos** |
| **eres** | **son** |
| **es** | **son** |

### **estar** *sein, sich befinden*

| | |
|---|---|
| **estoy** | **estamos** |
| **estás** | **están** |
| **está** | **están** |

### **venir** *kommen*

| | |
|---|---|
| **vengo** | **venimos** |
| **vienes** | **vienen** |
| **viene** | **vienen** |

## Vergangenheit

Die häufigste Form der Vergangenheit ist das **Indefinido**:

| | | |
|---|---|---|
| tom-**ar**<br>*nehmen, trinken* | met-**er**<br>*setzen, stellen* | escrib-**ir**<br>*schreiben* |
| tom-**é** | met-**í** | escrib-**í** |
| tom-**aste** | met-**iste** | escrib-**iste** |
| tom-**ó** | met-**ió** | escrib-**ió** |
| tom-**amos** | met-**imos** | escrib-**imos** |
| tom-**aron** | met-**ieron** | escrib-**ieron** |
| tom-**aron** | met-**ieron** | escrib-**ieron** |

## Unregelmäßiges Indefinido

Leider keine Regel ohne Ausnahme. Es gibt eine Menge **Indefinido**-Formen, die unregelmäßig gebildet werden:

| | | |
|---|---|---|
| **dar** | **di** | *ich gab* |
| **decir** | **dije** | *ich sagte* |
| **estar** | **estuve** | *ich war, ich befand mich* |
| **ir** | **fui** | *ich ging, fuhr* |
| **haber** | **hube** | *ich hatte* |
| **hacer** | **hice** | *ich machte* |
| **poder** | **pude** | *ich konnte* |
| **poner** | **puse** | *ich setzte, stellte* |
| **saber** | **supe** | *ich wußte, erfuhr* |
| **ser** | **fui** | *ich war* |
| **tener** | **tuve** | *ich hatte* |
| **traer** | **traje** | *ich brachte* |
| **venir** | **vine** | *ich kam* |

## Regelmäßige Partizipien

**Verben auf -ar**

| | |
|---|---|
| **acompañado** | *begleitet* |
| **buscado** | *gesucht* |
| **desayunado** | *gefrühstückt* |
| **estado** | *gewesen* |
| **esperado** | *gewartet* |
| **llamado** | *gerufen, angerufen* |
| **llegado** | *angekommen* |
| **necesitado** | *gebraucht* |
| **parado** | *angehalten* |
| **preguntado** | *gefragt* |
| **trabajado** | *gearbeitet* |
| **tomado** | *genommen, getrunken* |

**Verben auf -er/-ir**

| | |
|---|---|
| **bebido** | *getrunken* |
| **caído** | *gefallen* |
| **comido** | *gegessen* |
| **discutido** | *diskutiert* |
| **ido** | *gegangen* |
| **metido** | *gesetzt, gestellt* |
| **podido** | *gekonnt* |
| **querido** | *gewollt, geliebt* |
| **sido** | *gewesen* |
| **tenido** | *gehabt* |
| **venido** | *gekommen* |
| **vivido** | *gelebt* |

## Kleine Liste abartiger Partizipien

| | |
|---|---|
| abrir | **abierto** – *geöffnet* |
| hacer | **hecho** – *gemacht* |
| decir | **dicho** – *gesagt* |
| poner | **puesto** – *gesetzt* |
| volver | **vuelto** – *zurückgekommen* |
| ver | **visto** – *gesehen* |

## Präpositionen

### a

**a Argentina** *nach Argentinien*
**a Lima** *nach Lima*
**a las tres** *um drei Uhr*
**a casa** *nach Hause*

### por

**por eso** *deswegen*
**por aquí** *hier in der Gegend*
**por la mañana** *morgens*

### en

**en Guatemala** *in Guatemala*
**en la clase** *in der Klasse*
**en general** *im allgemeinen*

### de

**de México** *aus Mexiko*
**de Amelia** *von Amelia*

### para

**para un año** *ein Jahr lang*
**para Amelia** *für Amelia*

**a** und **de** verschmelzen mit dem Artikel **el** zu **al** und **del**. Sonst gibt es keine Kontraktionen.

## Die Familie – la familia

| | | | |
|---|---|---|---|
| | **la abuela** *Oma* | **el abuelo** *Opa* | |
| **la tía** *Tante* | **la madre** *Mutter* | **el padre** *Vater* | **el tío** *Onkel* |
| **la prima** *Kousine* | **la hija** *Tocher* | **el hijo** *Sohn* | **el primo** *Cousin* |
| **la sobrina** *Nichte* | **la hermana** *Schwester* | **el hermano** *Bruder* | **el sobrino** *Neffe* |
| | **la nieta** *Enkelin* | **el nieto** *Enkel* | |

Die *latinos* können noch so arm sein, sie sind in der Regel nicht allein. Auch wenn die Institution Familie unter den Hammerschlägen der Neuzeit bröckelt, so ist *la familia* trotz allem das Herzstück der lateinamerikanischen Gesellschaft. *La familia* ist das Wichtigste im Alltag

# Pronomen

| Personalpronomen | Dativ/Akkusativ | Possessivpronomen |
|---|---|---|
| **yo** | **me** | **mi** |
| *ich* | *mir / mich* | *mein* |
| **tú** | **te** | **tu** |
| *du* | *dir / dich* | *dein* |
| **él** | **le/lo** | **su** |
| *er* | *ihm/ihn* | *sein* |
| **ella** | **le/la** | **su** |
| *sie* | *ihr / sie* | *ihr* |
| **usted** | **le/le** | **su** |
| *Sie* | *Ihnen / Sie* | *Ihr* |
| **nosotros** | **nos** | **nuestro,-a** |
| *wir* | *uns* | *unser* |
| **ellos** | **les/los** | **su** |
| *ihr* | *euch* | *euer* |
| **ellos** | **les/los** | **su** |
| *sie* | *ihnen / sie* | *ihr* |
| **ellas** | **les/las** | **su** |
| *sie* | *ihnen / sie* | *ihr* |
| **ustedes** | **les/los/las** | **su** |
| *Sie* | *Ihnen / Sie* | *Ihr* |

Achtung: **su** heißt 1. sein, 2. ihr 3. Ihr

# Schlüssel

## Üben 1

**1.** **1.** c **2.** a **3.** d **4.** e **5.** b

**2.** **1.** ¿qué tal? **2.** buenas noches **3.** hasta luego **4.** bien, gracias **5.** buenos días **6.** hasta mañana

**3.** **1.** hasta luego **2.** ¿cómo está/qué tal? **3.** buenas noches **4.** hasta mañana **5.** buenos días

**4.** **1.** a **2.** b **3.** a **4.** b **5.** b **6.** b

## Üben 2

**1.** **1.** Ich bin der Chef. **2.** Sind Sie Kapitän? **3.** Den Namen, bitte. **4.** Auf einem Schiff. **5.** Ein deutscher Student. **6.** Du bist Peruanerin. **7.** Der Seemann. **8.** Arbeitest du nicht? **9.** Der Kapitän ist der Chef des Seemanns.

**2.** **1.** en un barco **2.** ¿dónde trabajas? **3.** soy alemán **4.** ¿cómo te llamas? **5.** la marinera de agua dulce **6.** el marinero **7.** mi nombre es **8.** el capitán **9.** de Alemania

**3.** **1.** b **2.** b **3.** b **4.** a **5.** a

**4.** **1.** el capitán **2.** mañana **3.** la marinera de agua dulce **4.** el estudiante **5.** el marinero

**5.** **1.** nombre **2.** te **3.** soy **4.** un

## Üben 3

**1.** **1.** uno, dos, tres – cuatro, cinco, seis – tres, dos, uno – seis, cinco, cuatro – siete, ocho – nueve, diez – siete, ocho, nueve, diez

**2.** **1.** bienvenido **2.** número **3.** bueno

**3.** **1.** b **2.** f **3.** e **4.** c **5.** a **6.** d

**4.** **1.** cinco **2.** tres **3.** cinco **4.** cuatro **5.** cuatro **6.** tres **7.** dos **8.** dos **9.** cero

**5.** **1.** uno, cuatro, siete, nueve, cuatro, cero, tres **2.** ocho, cinco, dos, nueve, siete, uno, dos **3.** seis, cinco, cuatro, tres, dos, uno, cero **4.** siete, nueve, seis, ocho, cinco, siete, cuatro **5.** dos, cuatro, seis, ocho, cero, dos, cinco

**6.** **1.** f **2.** r **3.** r **4.** f **5.** r

**Hier fehlt's:** buenos – cómo – muy – trabajo – muy – hora – punto / hasta – hasta – favor – nombre – buenas – soy – estudiante – número – número

## Prüfstand 1–3

**1.** **1.** c **2.** a **3.** a **4.** b **5.** c

**2.** **1.** el teléfono, por favor **2.** el barco, por favor **3.** el número, por favor **4.** el nombre, por favor **5.** el capitán, por favor **6.** el jefe, por favor **7.** el marinero, por favor **8.** la estudiante, por favor **9.** la marinera de agua dulce, por favor **10.** la peruana, por favor

**3.** **1.** dos **2.** siete **3.** cuatro **4.** uno **5.** tres **6.** diez **7.** cinco **8.** nueve **9.** ocho

**4.** **1.** c **2.** c **3.** b **4.** b **5.** c **6.** a **7.** b **8.** c

## Üben 4

**1.** **1.** a **2.** b **3.** a **4.** b **5.** a

**2.** **2.** ¿Tiene el barco / hay un barco? **3.** ¿Tiene la hamaca / hay una hamaca? **4.** ¿Tiene el nombre / hay un nombre? **5.** ¿Tiene el número de teléfono/ hay un número de teléfono? **6.** ¿Tiene el cuarto / hay un cuarto? **7.** ¿Tiene la habitación / hay una habitación? **8.** ¿Tiene el mosquitero / hay un mosquitero?

**3.** **1.** f **2.** d **3.** e **4.** a **5.** c **6.** b

**4.** **2.** ¿Cuánto vale el hotel? **3.** ¿Cuánto vale la llave? **4.** ¿Cuánto vale el baño? **5.** ¿Cuánto vale el barco? **6.** ¿Cuánto vale la cabaña? **7.** ¿Cuánto vale la habitación? **8.** ¿Cuánto vale el cuarto? **9.** ¿Cuánto vale el agua caliente?

## Üben 5

**1.** **1.** Dos boletos para Buenos Aires, por favor. **2.** Tres boletos para Trujillo, por favor. **3.** Un boleto para Potosí, por favor. **4.** Cinco boletos para Mérida, por favor. **5.** Dos boletos para Bogotá, por favor. **6.** Cuatro boletos para Guayaquil, por favor. **7.** Ocho boletos para San José, por favor. **8.** Nueve boletos para Managua, por favor.

**2.** **1.** a **2.** b **3.** b **4.** b **5.** b **6.** a

**3.** **1.** boleto **2.** marinero **3.** salida **4.** llave

**4.** **1.** dos boletos **2.** dos terminales **3.** dos mañanas **4.** dos minutos **5.** dos aeropuertos **6.** dos ideas **7.** dos trenes **8.** dos hamacas **9.** dos capitanes **10.** dos baños **11.** dos tardes **12.** dos estudiantes **13** dos estudiantes **14.** dos profesores

**5.** **1.** no lo sé **2.** ¿Está lejos? **3.** primera clase, por favor **4.** hoy no, tal vez mañana **5.** diez minutos en taxi **6.** ahorita, en dos minutos **7.** el aeropuerto **8.** ¿cuándo sale? **9.** la salida

## Üben 6

**1.** **1.** seis/doce **2.** once/veitidós **3.** diez/veinte **4.** cuatro/ocho **5.** siete/catorce **6.** veintitrés/cuarenta y seis **7.** cinco/diez **8.** tres/seis **9.** ocho/dieciséis

**2.** **1.** a las cinco **2.** a las siete **3.** a las ocho **4.** a las dos **5.** a las diez **6.** a las seis **7.** a las cuatro **8.** a las tres **9.** a la una

**3.** **1.** las ruinas **2.** tres autobuses **3.** las terminales **4.** muchos aviones **5.** dos semanas **6.** tres boletos **7.** cuatro capitanes **8.** ocho trenes **9.** los mosquiteros

**4.** **1.** ¿Cuándo sale el avión? **2.** ¿Cuándo sale el tren a Puno? **3.** ¿Cuándo sale el autobús de la segunda clase? **4.** ¿Cuándo sale el metro? **5.** ¿Cuándo sale el avión de la mañana? **6.** ¿Cuándo sale el autobús de la tarde? **7.** ¿Cuándo sale el barco a Pucallpa?

**5.** **1.** el mar **2.** el avión **3.** el barco **4.** la hamaca familiar

**Hier fehlt's:** está – está – dónde – solamente – buenos – cómo- diez – muchas – noches – habitación – días – en – la – una.

## Prüfstand 4–6

**1.** **1.** c **2.** c **3.** c **4.** b **5.** c **6.** c **7.** b **8.** c.

**2.** **1.** Ich möchte ein Doppelzimmer. **2.** Gibt es ein Moskitonetz? **3.** Ja, klar. **4.** Wo ist der Strand? **5.** Für wie viele Personen, bitte? **6.** Hier haben Sie den Schlüssel. **7.** Der Zug ist dein Freund. **8.** Es ist nicht sehr weit. **9.** Heute nicht, vielleicht morgen.

**3.** **1.** b **2.** a **3.** a **4.** b **5.** b **6.** b

**4.** **1.** ¿Cuánto vale el boleto? **2.** ¿Cuándo llega el avión? **3.** ¿Dónde está el baño? **4.** ¿Dónde está el/la terminal? **5.** ¿Cuándo sale el tren? **6.** ¿Está lejos? **7.** ¿Qué hora es? **8.** ¿Dónde está la playa?

**5.** **1.** d **2.** e **3.** a **4.** c **5.** b

## Üben 7

**1.** **1.** Oiga señor, un café, por favor **2.** un desayuno americano **3.** un pan con mantequilla **4.** un café con leche **5.** unos huevos **6.** un jugo natural **7.** una Coca Cola **8.** la carta

**2.** **1.** b **2.** b **3.** b **4.** b **5.** a.

**3.** **1.** dos jugo**s** **2.** dos desayuno**s** **3.** dos pan**es** **4.** dos carta**s** **5.** dos mantequilla**s** **6.** dos café**s** **7.** dos leche**s**.

**4.** **1.** ¿cuánto vale un desayuno? **2.** lo siento. **3.** entonces un desayuno americano. **4.** un poco de pan. **5.** ¿quiere desayunar? **6.** para mí, un jugo por favor.

## Üben 8

**1.** **1.** La cerveza, ¿cuánto es? **2.** El cóctel de camarones, ¿cuánto es? **3.** El pescado, ¿cuánto es? **4.** El vino, ¿cuánto es? **5.** El ceviche, ¿cuánto es? **6.** El café con leche, ¿cuánto es? **7.** El pan tostado, ¿cuánto es? **8.** El desayuno continental, ¿cuánto es? **9.** El pescado, ¿cuánto es?

**2.** **1.** c **2.** e **3.** b **4.** a **5.** d

**3.** **1.** ¿Quiere una cerveza? **2.** ¿Quiere un desayuno americano? **3.** ¿Quiere un ceviche de pescado? **4.** ¿Quiere un cóctel de camarones? **5.** ¿Quiere huevos fritos? **6.** ¿Quiere un café con leche? **7.** ¿Quiere la cuenta? **8.** ¿Quiere un agua mineral? **9.** ¿Quiere un vino tinto?

**4.** **1.** Una cerveza. ¿Otra más? – No, no quiero otra cerveza. **2.** Un pan con mantequilla. ¿Otro más? – No, no quiero otro pan con mantequilla. **3.** Un café. ¿Otro más? – No, no quiero otro café. **4.** Una tortilla. ¿Otra más? – No, no quiero otra tortilla. **5.** Una hamburguesa. ¿Otra más? – No, no quiero otra hamburguesa. **6.** Un vino tinto.

¿Otro más? – No, no quiero otro vino tinto. **7.** Un jugo natural. ¿Otro más? – No, no quiero otro jugo natural. **8.** Un cóctel de camarones. ¿Otro más? – No, no quiero otro cóctel de camarones. **9.** Una ensalada. ¿Otro más? – No, no quiero otra ensalada.

**5.** **1.** los huevos revueltos **2.** el vino tinto **3.** el cóctel de camarones **4.** el agua mineral **5.** el desayuno **6.** ahorita

## Üben 9

**1.** **1.** una salsa **2.** un pollo con arroz **3.** un plato del día **4.** una sopa **5.** un jugo de naranja **6.** un plato de papas fritas **7.** el desayuno americano **8.** un pan tostado **9.** un cóctel de camarones **10.** una cerveza **11.** la comida **12.** buen provecho

**2.** **1.** a **2.** b **3.** a **4.** b **5.** b **6.** b

**3.** **1.** c **2.** d **3.** b **4.** e **5.** a.

**4.** **1.** cuatro ensaladas **2.** nueve cervezas **3.** dos vasos **4.** cinco vinos **5.** diez platos **6.** muchos jugos **7.** tres pollos **8.** cinco pescados **9.** ocho carnes **10.** tres panes **11.** siete postres **12.** muchos bares

**Hier fehlt's:** buenas – de – plato – ensalada – por – desea – picante – pollo – cervezas – cuenta – tengo.

## Prüfstand 7–9

**1.** **1.** b **2.** c **3.** a **4.** a **5.** c **6.** c

**2.** **1.** b **2.** b **3.** b **4.** b **5.** b

**3.** **1.** el desayuno **2.** el hambre **3.** el cóctel **4.** la propina **5.** papas fritas **6.** la cuenta **7.** la mantequilla **8.** las palapas

**4.** **1.** un café con pescado **2.** una sopa de cerveza **3.** un cóctel de pollo **4.** huevos con mermelada **5.** un plato de jugo de naranja **6.** el desayuno con pescado (igitt) **7.** un vaso de papas.

**5.** **1.** b **2.** b **3.** c **4.** c **5.** b **6.** c

## Üben 10

**1.** **1.** g **2.** h **3.** a **4.** f **5.** d **6.** c **7.** e **8.** b

**2.** **1.** b **2.** a **3.** a **4.** a **5.** a **6.** b

**3.** **1.** ¿Tiene queso? **2.** ¿Tiene jamón york? **3.** ¿Tiene pan integral?

**4.** ¿Tiene papas? **5.** ¿Tiene arroz? **6.** ¿Tiene tomates? **7.** ¿Tiene camarones? **8.** ¿Tiene café con leche? **9.** ¿Tiene naranjas?

**4.** **1.** No tengo papas. **2.** No tengo café. **3.** No tengo camarones. **4.** No tengo mantequilla. **5.** No tengo papas fritas. **6.** No tengo pescado. **7.** No tengo cerveza. **8.** No tengo jugo de naranja. **9.** No tengo tomates.

## Üben 11

**1.** **1.** En la planta baja, a la derecha. **2.** ¿Dónde están los sombreros? **3.** No tenemos baño. **4.** artesanía en el segundo piso. **5.** Necesito un pantalón. **6.** El suéter, por favor. **7.** No sé.

**2.** **1.** b **2.** b **3.** b **4.** a **5.** a **6.** b

**3.** **1.** ¿Dónde están los sombreros? **2.** ¿Dónde está el baño? **3.** ¿Dónde están los pantalones? **4.** ¿Dónde están los suéteres? **5.** ¿Dónde está la carnicería? **6.** ¿Dónde está la artesanía? **7.** ¿Dónde están los señores? **8.** ¿Dónde está la señorita? **9.** ¿Dónde están los ponchos?

**4.** **1.** a **2.** a **3.** b **4.** b **5.** a

## Üben 12

**1.** **1.** Necesito un sombrero, busco un sombrero. **2.** Necesito pan integral, busco pan integral. **3.** Necesito una playa, busco una playa **4.** Necesito la lista de precios, busco la lista de precios **5.** Necesito un amigo, busco un amigo. **6.** Necesito una cerveza, busco una cerveza. **7.** Necesito un pantalón, busco un pantalón. **8.** Necesito una sandía, busco una sandía. **9.** Necesito un guía, busco un guía.

**2.** **1.** ¿Puedo trabajar mañana? **2.** ¿Puedo buscar pantalones? **3.** ¿Puedo llegar hoy en la tarde? **4.** ¿Puedo buscar la salida? **5.** ¿Puedo tomar una cerveza? **6.** ¿Puedo viajar a Lima?

**3.** **1.** a **2.** b **3.** a **4.** a **5.** a **6.** a

**4.** **1.** Me gusta la playa. **2.** Me gusta la comida. **3.** Me gusta trabajar. **4.** Me gustan las mujeres. **5.** Me gusta una habitación sin mosquitos. **6.** Me gusta un viaje a la selva. **7.** Me gustan los volcanes y los ríos. **8.** Me gustan los hombres. **9.** Me gusta la hamaca.

**Hier fehlt's**: una – hamacas – valen – barato – son – es – soy – tengo – que – puede.

## Prüfstand 10–12

1. **1.** el poncho **2.** la hamaca familiar **3.** el baño **4.** los mosquiteros **5.** los volcanes **6.** la vegetariana

2. **1.** b **2.** a **3.** c **4.** c **5.** a **6.** c

3. **1.** d **2.** c **3.**e **4.** b **5.** g **6.** a **7.** f

4. **1.** mapa **2.** artesanía **3.** poder **4.** cerveza **5.** mamá **6.** papa

5. **1.** a **2.** c **3.** a **4.** b **5.** a **6.** b

## Üben 13

1. **1.** Diego tiene cuarenta y seis años. **2.** Fidel tiene setenta y cuatro años. **3.** Juan tiene trece años. **4.** Eduardo tiene ventiún años. **5.** Vicente tiene treinta y tres años. **6.** María José tiene sesenta y nueve años. **7.** José María tiene ochenta y un años. **8.** José tiene dieciséis años. **9.** Sebastián tiene noventa y nueve años.

2. **1.** No soy alemán, soy venezolano **2.** ..., soy español **3.** ..., soy guatemalteco **4.** ..., soy chileno **5.** ..., soy paraguayo **6.** ..., soy panameño **7.** ..., soy argentino **8.** ..., soy nicaragüense **9.** ..., soy peruano

3. **1.** Soy funcionario, trabajo en la administración pública. **2.** Soy capitán, trabajo en un barco. **3.** Soy profesor, trabajo en la universidad. **4.** Soy ama de casa, trabajo en casa. **5.** Soy vegetariano, trabajo en una carnicería. **6.** Soy marinero, trabajo en un barco. **7.** Soy estudiante, trabajo en la universidad. **8.** Soy camarero, trabajo en un bar.

4. **1.** b **2.** a **3.** b **4.** b **5.** a

5. **1.** argentino **2.** barco **3.**marido **4.** peruano **5.** curioso **6.** ama de casa

## Üben 14

1. **1.** Tomé una cerveza. **2.** Tomé un café con leche. **3.** Tomé un agua mineral. **4.** Tomé un jugo de naranja. **5.** Tomé una Coca-Cola. **6.** Tomé una leche. **7.** Tomé un vino tinto.

2. **1.** Comí un cóctel de camarones. **2.** Comí pan con mantequilla. **3.** Comí un plato de ceviche. **4.** Comí una ensalada de tomates. **5.** Comí pollo con arroz. **6.** Comí tres postres. **7.** Comí pan tostado con mermelada. **8.** No comí nada.

**3.** **1**. mano **2**. suéter **3**. marido **4**. curioso **5**. avión

**4.** **1**. d **2**. c **3**. e **4**. a **5**. b

**5.** **1.** Me duele el brazo. **2.** Me duele la cabeza. **3.** Me duele la mano. **4.** Me duele el estómago. **5.** Me duele el trabajo. **6.** Me duele el jefe. **7.** Me duele el problema.

## Üben 15

**1.** **1**. c **2**. e **3**. d **4**. b **5**. a

**2.** **1**. a **2**. a **3**. a **4**. a **5**. b

**3.** **1**. Voy a vivir en Buenos Aires. **2**. Voy a desayunar con Maradona. **3**. Voy a llegar a las cinco. **4**. Voy a hacer una radiografía. **5**. Voy a esperar hasta mañana. **6**. Voy a tomar vino blanco. **7**. Voy a comprar un Testarossa. **8**. Voy a comer camarones. **9**. Voy a trabajar en casa.

**4.** **1**. Me gustaría hacer un viaje. **2**. Me gustaría trabajar en casa. **3**. Me gustaría comprar un Ferrari. **4**. Me gustaría tomar un vino blanco. **5**. Me gustaría vivir en Buenos Aires. **6**. Me gustaría desayunar con Maradona. **7**. Me gustaría hacer una radiografía.

**Hier fehlt's**: soy – vivo – profesor – ama de casa – marido – agencia – gusta – tengo.

## Prüfstand 13–15

**1.** **1**. b **2**. c **3**. b **4**. c **5**. b **6**. b **7**. a **8**. c **9**. b

**2.** **1**. El mundo **2**. el año **3**. ama de casa **4**. el extranjero **5**. agencia de viajes

**3.** **1**. (Usted) es muy curioso/a. **2**. Tenemos tres chicas. **3**. No está roto, no se preocupe. **4**. Me duele el brazo. **5**. Me gusta la playa. **6**. Ahí está el problema.

**4.** **1**. c **2**. e **3**. f **4**. b **5**. a **6**. d

**5.** **1**. b **2**. c **3**. b **4**. c **5**. a **6**. a und c (beides ist möglich und üblich) **7**. c

# Wörterbuch

Dieses Wörterbuch beinhaltet rund 3000 Wörter. Es gilt zu beachten: **Hauptwörter** auf «**-o**» sind immer männlich, haben also den Artikel «**el**» oder «**un**». Hauptwörter auf «**-a**» sind immer weiblich, haben den Artikel «**la**» oder «**una**». Alles, was davon abweicht (z.B: *el día*), und alle Hauptwörter, die mit einem Konsonanten enden, sind mit **(m)** für männlich und **(f)** für weiblich gekennzeichnet.
**Im spanischen Alphabet** sind «**ch**» und «**ll**» eigene Buchstaben und werden nach «c-» und «l-» aufgeführt.
**Wörter, die nur regional gebraucht werden**, sind besonders gekennzeichnet. Dabei steht: (**arg**) für Argentinien, (**chi**) für Chile, (**and**) für Ecuador/Peru/Bolivien, (**col**) für Kolumbien, (**ven**) für Venezuela und (**mex**) für Mexiko.

## A

**a** *in, nach, zu*
**a no ser** *wenn nicht*
**abajo** *unten, hinunter*
**abandonar** *verlassen*
**abarrotes** (m, mex) *Lebensmittelladen*
**abierto/a** *offen*
**abogado** *Rechtsanwalt*
**abonar** *bezahlen, begleichen*
**abrazo** *Umarmung*
**abrebotellas** (m) *Flaschenöffner*
**abrelatas** (m) *Dosenöffner*
**abrigo** *Mantel, Schutz*
**abril** (m) *April*
**abrir** *öffnen, aufmachen*
**absoluto, en -** *überhaupt nicht*
**abuela** *Großmutter*
**aburrido**/a, **estar-** *sich langweilen*
**aburrirse** *sich langweilen*
**abusar de** *mißbrauchen*
**acá** *hier*
**acabar** *beenden,*
**- de** *gerade getan haben,*
**- con** *ein Ende bereiten, fertig machen*
**accidente** (m) *Unfall*
**acción** (f) *Handlung, Tat, Aktion*
**aceite** (m) *Öl,*
**- solar** *Sonnenöl*
**aceituna** *Olive*
**acelerar** *beschleunigen*
**acento** *Akzent*
**aceptar** *akzeptieren*
**acera** *Bürgersteig*
**acercarse** *sich nähern*
**acomodador** (m) *Platzanweiser*
**acompañar** *begleiten*
**aconsejar** *raten*
**acontecimiento** *Ereignis, Vorfall*
**acordarse de** *sich erinnern an*
**acostarse** *sich schlafen legen*
**acostumbrarse a** *sich gewöhnen an*
**actitud** (f) *Verhalten, Haltung*
**actividad** (f) *Tätigkeit*
**activo/a** *tätig, aktiv*
**acto oficial** *offizielle Veranstaltung*
**actor** (m) *Akteur, Schauspieler*
**actriz** (f) *Schauspielerin*
**actual** *gegenwärtig, aktuell*
**acuerdo, de -** *einverstanden*
**acusar** *beschuldigen*
**adelantado, por -** *im voraus*
**adelantar** *überholen*
**adelgazar** *abnehmen (Gewicht)*
**además** *außerdem*
**adiós** *Wiedersehen*
**adivinar** *(er)raten*

**adjetivo** *Adjektiv*
**administración** (f) *Verwaltung*
**admirar** *bewundern*
**admitir** *zulassen, gestatten*
**adobe** *(m) Lehmziegel*
**adónde** *wo, wohin*
**adrianmungo** *Andenbär*
**aduana** *Zoll*
**adverbio** *Adverb*
**aeropuerto** *Flughafen*
**afeitarse** *sich rasieren*
**aficionado/a** *Fan, Liebhaber/in*
**afirmar** *bestätigen*
**agarrar** *festhalten, greifen*
**agarrar papas** (chi) *loslegen*
**agencia** *Büro, Agentur,*
**- de viajes** *Reisebüro,*
**- inmobiliaria** *Maklerbüro*
**agosto** *August*
**agradable** *angenehm*
**agradecer** *sich bedanken, danken*
**agricultor** (m) *Bauer*
**agricultura** *Landwirtschaft*
**agrio/a** *sauer*
**agua** (m) *Wasser,*
**- mineral** *Mineralwasser,*
**- potable** *Trinkwasser*
**aguantar** *aushalten,*
**-se** *durchhalten*
**aguardiente** (m) *Schnaps*
**águila** *Adler*
**agujero** *Loch*
**ahí** *dort*, **- mismo** *genau dort*, **por -** *dort irgendwo*
**ahora** *jetzt*
**ahorrar** *sparen*
**ahumado** *geräuchert*
**aire** (m) *Luft*, **- acondicionado** *Klimaanlage*
**ajiaco** (col) *Kartoffeleintopf*
**ajo** *Knoblauch*
**al fondo** *hinten*
**al lado (de)** *nebenan, neben*
**al menos** *wenigstens*
**al principio** *am Anfang*
**ala** (m) *Flügel*
**alameda** *Park, Allee*
**albañil** (m) *Maurer*
**alcachofa** *Artischocke*
**alcalde** (m) *Bürgermeister*
**alcaldía** *Stadtverwaltung*
**alcanzar** *erreichen*
**alcaucil** (m) *Artischocke*
**alcohol** (m) *Alkohol*
**alegrarse de** *sich freuen über*
**alegría** *Freude*
**alejarse** *sich entfernen*
**alemán** (m) *deutsch, Deutscher*
**Alemania** *Deutschland*
**algo** *etwas*
**algodón** (m) *1. Baumwolle, 2. Watte*
**alguien** *jemand*
**algún** *(irgend)ein*
**alimentación** (f) *Ernährung*
**alimento** *Nahrung, Lebensmittel*
**aliñar** *anmachen (Salat etc.)*
**allá** *dort, dorthin*
**allí** *dort, dorthin*
**alma** *Seele*
**almacén** (m) *Kaufhaus*
**almohada** *Kissen*
**almuerzo** *Mittagessen*
**alojamiento** *Übernachtung*
**alquilar** *mieten*
**alquiler** (m) *Miete,*
**- de coches** *Autoverleih*
**alrededor** *um ... herum*
**alto/a** *hoch*
**altura** *Höhe*
**alumno/a** *Schüler/in*
**ama de casa** *Hausfrau*
**amable** *nett*
**amar** *lieben*
**amargo/a** *bitter*
**amarillo** *gelb*
**ambiente** (m) *Stimmung, Atmosphäre*
**ambulancia** *Krankenwagen*
**amenazar** *bedrohen*
**América** *Amerika*
**americano** *amerikanisch*
**amigo/amiga** *Freund, -in*
**amistad** (f) *Freundschaft*
**amor** (m) *Liebe*
**amplio/a** *weit*
**análisis de sangre** (m) *Blutprobe*
**ancho/a** *breit, weit, Breite*
**andale** (mex) *geh, mach's gut*
**andando** *zu Fuß*
**andén** (m) *Bahnsteig*
**andinismo** *Bergsteigen*
**anestesia** *Narkose*
**anillo** *Ring*
**animal** (m) *Tier*
**año** *Jahr*
**anoche** *gestern abend*
**ante** *vor, angesichts*
**anteayer** *vorgestern*
**anteojos** (los) *Brille*
**anterior** *vorhergehend, vorherig, früher*
**antes** *früher,*
**- de** *vor*
**anticiclón** (m) *Hoch (meteorol.)*
**antídoto** *Gegengift*
**antigüedades** (las) *Antiquitäten*
**antiguo/a** *alt, echt*
**antojitos** (mex) *lokales Essen, Appetizer*
**anual** *jährlich*
**anunciar** *ankündigen, bekanntgeben*
**anuncio** *Anzeige, Annonce*
**apagar** *löschen, ausmachen*
**aparato** *Apparat, Flugzeug,*
**-s electrodomésticos** *Haushaltsgeräte*
**aparcamiento** *Parkplatz*
**aparcar** *parken*
**apartamento** *Apartment*
**apellido** *Nachname*
**apéndice** (m) *Blinddarm*
**apendicitis** (f) *Blinddarmentzündung*
**apetito** *Appetit*
**apostar** *wetten*
**apoyar** *(unter)stützen*
**aprender** *lernen*
**aprendiz** (m) *Lehrling*

**apretar** *drücken*
**apretar cueva** (chi) *die Kurve kratzen*
**aprovechar** *nutzen,* **que aproveche** *guten Appetit*
**apuntarse a** *sich einschreiben*
**aquel, aquella** *jener, jene*
**aquello/a** *das, jenes*
**aquí** *hier,* **por -** *hier irgendwo*
**árbitro** *Schiedsrichter*
**árbol** (m) *Baum*
**arco** *Bogen,* **-iris** *Regenbogen*
**área de servicio** *Raststätte*
**arena** *Sand*
**Argentina** *Argentinien*
**argentinola** *Argentinierlin*
**argumento** *Argument*
**arma** *Waffe*
**armario** *Schrank*
**arrancar** *anspringen*
**arreglar** *in Ordnung bringen*
**arrestar** *verhaften*
**arriba** *oben*
**arrogante** *arrogant*
**arroz** (m) *Reis,* **- con leche** *Milchreis*
**arte** (m) *Kunst*
**artesano** *Handwerker*
**artículo** *Artikel*
**artista** (m, f) *Künstlerlin*
**arveja** *Erbse*
**asado** *1. gebraten, 2.* (arg) *Grill(fest)*
**asalto** *Überfall*
**asar** *braten*
**ascensor** (m) *Aufzug*
**asco** *Ekel*
**así** *so,* **- que** *so daß*
**asiento** *Sitz*
**asignatura** *Studienfach*
**asma** *Asthma*
**asomarse a** *sich hinauslehnen*
**aspecto** *Aussehen*
**aspiradora** *Staubsauger*
**asunto** *Angelegenheit*
**atacar** *angreifen*
**ataque** (m) *Anfall,* **- cardíaco** *Herzanfall,* **- de apoplejía** *Schlaganfall*
**atar** *binden, fesseln*
**atareado/a** *beschäftigt*
**atasco** *Stau*
**atención** (f) *Achtung*
**atender** *bedienen*
**atento/a** *aufmerksam*
**aterrizaje** (m) *Anflug, Landung*
**atractivo/a** *attraktiv, anziehend*
**atrás** *hinten*
**atrasado/a** *verspätet, zurückgeblieben*
**atravesar** *überqueren, durchqueren*
**atreverse** *sich wagen*
**atún** (m) *Thunfisch*
**aumentar** *zunehmen, steigen, sich erhöhen*
**aunque** *obwohl*
**auriculares** (los) *Kopfhörer*
**Austria** *Österreich*
**austríaco** *österreichisch, Österreicher*
**auténtico** *authentisch*
**auto** (arg) *Auto*
**autobús** (m) *Bus*
**automático/a** *automatisch*
**autopista** *Autobahn*
**autor** (m) *Autor, Urheber*
**autoridades** (las) *Behörden*
**autoservicio** *Selbstbedienung*
**auxilio** *Hilfe,* **- en carretera** *Pannenhilfe,* **- sanitario** *ärztliche Hilfe*
**avanzar** *fortschreiten, vorwärtskommen*
**avenida** *Allee*
**aventura** *Abenteuer*
**avería** *Panne*
**averiado/a** *kaputt, in Panne*
**aves** (las) *Geflügel*
**avión** (m) *Flugzeug*
**avisar** *Bescheid sagen*
**aviso** *Benachrichtigung, Anweisung*
**ayer** *gestern*
**ayuda** *Hilfe*
**ayudar** *helfen*
**ayunas, en -** *nüchtern*
**ayuntamiento** *Rathaus*
**azúcar** (m) *Zucker*
**azul** *blau*

## B

**bacalao** *Stockfisch*
**bacán** *stark, klasse*
**bacano** (col) *guter Typ*
**bache** (m) *Schlagloch*
**bailable** (m) *Disco*
**bailar** *tanzen*
**bajar** *runtergehen, aussteigen*
**bajar las luces** *abblenden*
**bajo** *unter, Untergeschoß*
**bajón** (m, chi) *Krise*
**balcón** (m) *Balkon, Brüstung*
**balonmano** *Handball*
**bambuco** (and) *indian. Tanz*
**bañador** (m) *Badehose*
**banco** *Bank,* **- Central** *die Zentralbank*
**banda** *Musikkapelle*
**bandeja** *Tablett*
**bandera** *Fahne, Flagge, Banner*
**baño** *Bad*
**bar** (m) *Kneipe*
**barato/a** *billig*
**barba** *Bart*
**barbaridad, qué -** *fürchterlich*
**bárbaro** (arg) *super, wunderbar*
**barbudo** *bärtig*
**barco** *Schiff*
**barra** *Brot(-Laib), Theke*
**barrio** *Stadtviertel,* **- marginal** *Elendsviertel,* **- popular** *Elendsviertel*
**bastante** *genug*
**bastar** *genügen, ausreichen*
**basura** *Müll, Abfall*
**bata** *Morgenmantel*
**batería** *Batterie*

**bazar** (m) *Bazar*
**beber** *trinken*
**bebida** *Getränk*
**beca** *Stipendium*
**belleza** *Schönheit*
**berenjena** *Aubergine*
**besar** *küssen*
**besugo** *Rotbarsch*
**biblioteca** *Bibliothek, Bücherei*
**bicho** *Insekt*
**bicho** *Tier, Ungeziefer*
**bici** (f), **bicicleta** *Fahrrad*
**bien** *gut*
**bienvenido** *willkommen*
**bife** (m) *1. Beefsteak, 2. (arg) Ohrfeige*
**bigote** (m) *Schnurrbart*
**billete** (m) *Fahrkarte, Geldschein*
**biología** *Biologie*
**bistec** (m) *Beefsteak*
**bizcocho** *Biskuits, Zwieback*
**blanco/a** *weiß*
**blando** *weich*
**bloque** (m) *Wohnhaus*
**blusa** *Bluse*
**boca** *Mund*
**bochorno** *Schwüle*
**bocina** *Hupe*
**boda** *Hochzeit*
**bodega** *Weinkeller, Weinhandlung*
**bola** *Kugel*
**boleto** *Fahrkarte*
**boliche** (m, arg) *Kneipe, Schuppen*
**bolígrafo** *Kugelschreiber*
**Bolivia** *Bolivien*
**boliviano/a** *Bolivianer/in*
**bollo** *Teilchen*
**bolsa** *Tüte*
**bolso** *Tasche*
**boludo** (arg) *Arschloch*
**bomba** *1. Bombe, 2. Pumpe 3.* (col) *Tankstelle*
**bombacha** (arg) *1. Slip 2. Gauchohose*
**bomberos** (los) *Feuerwehr*
**bombilla** *1. Glühbirne 2.* (arg) *Saugröhrchen*
**bombita** (arg) *Glühbirne*
**bonito/a** *hübsch, schön*
**boquerones** (los) *Sardellen*
**borracho/a** *betrunken, Betrunkene/r*
**borrasca** *Sturm*
**bosque** (m) *Wald*
**bota** *Stiefel*
**botella** *Flasche*
**botón** (m) *Knopf*
**bragas** (las) *Schlüpfer*
**brazo** *Arm*
**broma** *Scherz, Ulk*
**broncearse** *braun werden*
**brut** *brut*
**bruto/a** *brutal, ungehobelt, derb*
**bucear** *tauchen*
**buenas tardes** *guten Tag*
**buenísimo/a** *sehr gut*
**bueno/a** *gut,* **buenos días** *guten Tag,* **buenas noches** *guten Abend*
**bujía** *Zündkerze*
**bulla** *Radau*
**buque** (m) *Schiff*
**burgués** (m) *Bürger*
**burocracia** *Bürokratie*
**burro/a** *Esel/in*
**burundanga** (col) *bewußtlos machende Droge*
**buscar** *suchen*
**buseta** (ven) *Kleinbus*
**butaca** *Sessel*
**buzón** (m) *Briefkasten*

## C

**cabacho** (mex) *Franzose*
**caballero** *Herr*
**caballo** *Pferd*
**caber** *hineingehen, hineinpassen, Platz haben*
**cabeza** *Kopf*
**cabina** *Kabine,* **- telefónica** *Münzfernsprecher*
**cable** (m) *Kabel*
**cachaco** (col) *Bogotaner*
**cachai** (chi) *kapiert*
**cacho** (and) *Witz*
**cada** *jede/r,* **- día** *jeden Tag,* **- vez** *jedesmal*
**cadena** *Kette*
**cadera** *Hüfte*
**caer** *fallen,* **- bien/fatal** *gefallen (gut/schlecht)*
**café** (m) *Kaffee, Kaffeehaus,* **- con leche** *Milchkaffee,* **- solo** *Espresso*
**cafetera** *Kaffeemaschine*
**cafetería** *Café, Cafeteria*
**caja** *Kasse,* **- de ahorros** *Sparkasse,* **- de cambio** *Getriebe*
**cajón** (m) *Schublade*
**calamar** (m) *Tintenfisch*
**calambre** (m) *Krampf*
**calcetines** *(los) Socken*
**calefacción** (f) *Heizung*
**calefón** (m, arg) *Durchlauferhitzer*
**caleño** (col) *aus Cali*
**calentado/a** *aufgewärmt*
**calentador** (m) *Durchlauferhitzer*
**calentar** *wärmen*
**calidad** (f) *Qualität, Güte*
**caliente** *warm, heiß*
**caló** (mex) *Slang in Mexico-City*
**calor** (m) *Hitze,* **hace -** *es ist heiß*
**calzoncillos** (los) *Unterhose*
**callarse** *schweigen*
**calle** (f) *Straße,* **hacer la -** *auf den Strich gehen*
**calleja** *Gasse*
**callejón sin salida** *Sackgasse*
**cama** *Bett*
**cámara** *Fotoapparat*
**cámara de video** *Videokamera*
**camarero/a** *Kellner/in*
**camarote** (m) *Kabine*
**cambiar** *wechseln,* **- por** *austauschen gegen*
**cambio** *Wechsel, Wechselgeld, -stube,* **- de aceite** *Ölwechsel*
**camello** (ven) *harte Arbeit*
**caminar** *gehen, wandern*
**camino** *Weg*
**camión** (m) *Lastwagen* (mex) *Bus*

**camioneta** *Kleinlaster, Kombi*
**camisa** *Hemd*
**camiseta** *Unterhemd*
**campana** *Glocke*
**campesino/a** *Bauer*
**camping** (m) *Campingplatz*
**campo** *Land, Feld*
**canal** (m) *Kanal, Sender*
**cáncer** (m) *Krebs (med.)*
**canción** (f) *Lied*
**cansado/a** *müde*
**cansar** *fertig machen, ermüden*
**cantar** *singen*
**caoba** *Mahagonibaum*
**caos** (m) *Chaos*
**capaz** *fähig, vielleicht*
**capilla** *Kapelle*
**capital** (f) *(Provinz-) Hauptstadt*
**capitalismo** *Kapitalismus*
**capitalista** (m) *kapitalistisch, Kapitalist*
**capricho** *Laune*
**cara** *das Gesicht*
**carácter** (m) *Charakter*
**caravana** *1. Autoschlange, 2. Wohnwagen*
**carbón** (m) *Kohle*
**carburador** (m) *Verteiler*
**cárcel** (f) *Gefängnis*
**cargar** *(be)laden, aufladen*
**cariño** *Schatz*
**cariñoso** *zärtlich*
**carísimo/a** *sehr teuer*
**carnal amigo-,** *enger Freund*
**carne** (f) *Fleisch,*
**- picada** *Hackfleisch*
**carnet** (m) *Ausweis,*
**- de conducir** *Führerschein,*
**- de identidad** *Personalausweis*
**carnicería** *Metzgerei*
**carnicero** *Metzger*
**caro/a** *teuer*
**carpa** (arg) *Zeit*
**carrera** *1. akademische Laufbahn 2. Rennen*
**carrete** (m) *Film,*
**- en blanco y negro** (m) *Schwarzweißfilm,*
**- en color** *Farbfilm*
**carretera** *Landstraße*
**carril** (m) *Fahrspur*
**carro** *Auto*
**carta** *Brief,*
**- certificada** *Einschreiben,*
**- urgente** *Eilbrief*
**cartera** *Brieftasche*
**carterista** *Taschendieb*
**cartero** *Briefträger*
**cartón** (m) *Stange (Zigaretten)*
**casa** *Haus,*
**- de la cultura** *Bürgerhaus,*
**en** *- zu Hause*
**casado/a** *verheiratet*
**casarse** *heiraten*
**casi** *fast*
**caso** *Fall,* **hacer** *- beachten, hinhören*
**castellano** 1. *spanisch, 2. kastilisch, Kastilier*
**castigar** *bestrafen*
**castillo** *Schloß*
**casualidad** (f) *Zufall*
**catedral** (f) *Kathedrale*
**catedrático** *Universitätsprofessor*
**causa** *Ursache, Grund*
**causar** *verursachen*
**caza** *Jagd*
**cazar** *jagen*
**cebolla** *Zwiebel*
**ceda el paso** *Vorfahrt beachten*
**cedro** *Zeder*
**celebrar** *feiern*
**cementerio** *Friedhof*
**cena** *Abendessen*
**cenar** *zu Abend essen*
**cenicero** *Aschenbecher*
**cenote** (mex) *Brunnen, Wasserloch*
**centímetro** *Zentimeter*
**central** (f) *zentral, Zentrale*
**centralita de teléfonos** *Telefon-Vermittlung*
**céntrico** *zentral gelegen*
**centro** *Zentrum, Agentur, Studio,*
**- ciudad** *Stadtzentrum,*
**- comercial** *Einkaufszentrum*
**cepillo** *Bürste,*
**- de dientes** *Zahnbürste*
**cerca de** *nahe bei*
**cerdo** *Schwein*
**cerebro** *Gehirn, Hirn*
**cereza** *Kirsche*
**cerillas** (las) *Streichhölzer*
**cero** *null*
**cerrado/a** *geschlossen*
**cerradura** *Türschloß*
**cerrajero** *Schlosser*
**cerrar** *schließen, abschließen*
**certificado** *1. Zeugnis, Urkunde, 2. Einschreiben*
**cerveza** *Bier*
**cesta** *Korb*
**ciclismo** *Radsport*
**ciclón** (m) *(meteorol.) Tief*
**ciego/a** *blind, Blinde*
**cielo** *Himmel*
**cien** *hundert,*
**- por ciento** *Prozent*
**ciencia** *Wissenschaft,*
**- ficción** *Science-fiction*
**cierrerelámpago** (arg) *Reißverschluß*
**cierto/a** *wahr, gewiß*
**cigarillos** (los) *Zigaretten*
**cilindro** *Zylinder*
**cinco** *fünf*
**cincuenta** *fünfzig*
**cine** (m) *Kino,*
**- de madrugada** *Spätnachtkino*
**cinta** *Band*
**cinturón** (m) *Gürtel,*
**- de seguridad** *Sicherheitsgurt*
**cipayo** (arg) *Engländerfreund*
**circuito** *Rundfahrt*
**circulación** (f) *Verkehr*
**círculo** *Kreis*
**circunstancia** *Umstand*
**ciruela** *Pflaume*
**cita** *Verabredung*
**ciudad** (f) *Stadt*
**civilización** (f) *Zivilisation*
**claro/a** *klar*
**clase media** (f) *Mittelstand*
**clavícula** *Schlüsselbein*

**clavo** *Nagel*
**claxon** (m) *Hupe*
**cliente** (m, f) *Kunde*
**clima** (m) *Klima*
**clínica** *Klinik*
**cloaca** *Kloake*
**cobarde** (m) *feige, Feigling*
**cobrar** *kassieren*
**cocer** *kochen, backen*
**coche** (m) *Auto, Wagen,*
**- cama** *Schlafwagen,*
**- litera** *Liegewagen,*
**- restaurante** *Speisewagen*
**cocina** *Küche*
**cocinar** *kochen*
**cocinero/a** *Koch/Köchin*
**codo** *Ellbogen*
**coger** 1. *(mit)nehmen* 2. (arg) *ficken*
**cohete** (m) *Rakete*
**cola** *1. (Steh-)Schlange, 2. Kleber*
**colchón** (m) *Matraze*
**colección** (f) *Sammlung*
**coleccionar** *sammeln*
**colectivo** *1. gemeinsam, kollektiv, Kollektiv, 2. Kollektivtaxi, 3.* (arg) *Bus*
**colega** *Kollege*
**colegio privado** *Privatschule*
**cólera** *Cholera*
**coliflor** (f) *Blumenkohl*
**colina** *Hügel*
**colocar** *auf-, hinstellen, -legen*
**Colombia** *Kolumbien*
**colombiano** *kolumbianisch*
**colonia** *Kolonie, Kölnisch Wasser*
**color** (m) *Farbe*
**colorado** *rot*
**columna** *Säule,*
**- vertebral** *Wirbelsäule*
**comal** (mex) *Tortillaplatte*
**comedia** *Komödie*
**comedor** (m) *Speisesaal*
**comentar** *kommentieren*
**comenzar** *anfangen, beginnen*
**comer** *essen*
**comercial** *kommerziell*
**comerciante** (m) *Geschäftsmann*
**comercio** *1. Handel, 2. Geschäft*
**comestibles** (los) *Nahrungs-, Lebensmittel*
**cometer** *begehen*
**comida** *Essen*
**comienzo** *Beginn, Anfang*
**comisaría (de policía)** *Polizeidienststelle*
**cómo** *wie,*
**- no** *wieso nicht, natürlich!,* **- quieran** *wie Sie wünschen,* **a - está** *wieviel kostet*
**cómodo/a** *bequem*
**compañero** *Kamerad*
**comparar** *vergleichen*
**compartimento** *Abteil*
**competencia** *Wettbewerb, Konkurrenz*
**competición** (f) *Wettkampf*
**completamente** *ganz*
**completo** *komplett*
**complicado** *kompliziert, schwierig*
**componerse** *bestehen aus, sich zusammensetzen aus*
**comportarse** *sich benehmen*
**compositor** (m) *Komponist*
**comprar** *kaufen*
**compras, de -** *beim Einkaufen*
**comprender** *verstehen*
**compresa** *Damenbinde*
**comprimido** *Tablette*
**comprobar** *(über)prüfen*
**compromiso** *Verpflichtung*
**computador, -a** *Computer*
**común** *gemeinsam*
**comunicado** *verbunden*
**comunidad** (f) *Gemeinschaft*
**comunismo** *Kommunismus*
**comunista** (m) *kommunistisch, Kommunist*
**con** *mit, bei*
**coñac** (m) *Kognak*
**conceder** *zugestehen, zubilligen*
**conciencia** *Gewissen*
**concierto** *Konzert*
**conclusión** (f) *Schluß, Schlußfolgerung*
**condición** (f) *Bedingung,*
**en -es** *ordentlich, in ordentlichem Zustand*
**condimento** *Gewürz*
**conducir** *1. führen, 2. Auto fahren*
**conductor** (m) *Fahrer*
**conejo** *Kaninchen*
**conferencia** *1. Konferenz, 2. Vortrag, 3. Ferngespräch*
**confesar** *gestehen, zugeben*
**confesarse** *beichten*
**confianza** *Vertrauen*
**confiar** *vertrauen*
**confirmar** *bestätigen*
**confitura** *Konfitüre*
**conflicto** *Konflikt*
**conforme** *einverstanden*
**confundir** *verwechseln*
**congelador** (m) *Tiefkühltruhe*
**congreso** *Kongreß*
**conjunto** *1. Gesamtheit, 2. Ensemble, Kapelle*
**conmigo** *mit mir*
**conocer** *kennen, kennenlernen*
**conocimiento** *1. Kenntnis, 2. Bewußtsein*
**conquista** *Eroberung*
**consecuencia** *Folge*
**conseguir** *erlangen*
**consejo** *Ratschlag*
**conserva** *Konserve*
**conservador** (m) *konservativ*
**conservar** *konservieren, erhalten, bewahren*
**considerable** *beträchtlich*
**considerar** *betrachten, halten für*
**consigna** *Gepäckaufbewahrung*
**consistir** *bestehen*
**consomé** (m) *Kraftbrühe*
**constante** *ständig, dauernd*
**constar** *feststehen, feststellen*
**constipado** *Erkältung*

**construcción** (f) *Bauwesen*
**construir** *bauen, konstruieren*
**consulado** *Konsulat*
**consulta** *Sprechstunde*
**consumir** *verbrauchen*
**consumo** *Verbrauch, Konsum*
**contable** (m) *Buchhalter*
**contacto** *Kontakt*
**contagio** *Ansteckung*
**contagioso** *ansteckend*
**contar** *1. zählen, 2. erzählen,* **- con** *auf etwas zählen, mit etwas rechnen*
**contener** *enthalten, beinhalten*
**contento/a** *zufrieden*
**contestador automático** (m) *automatischer Anrufbeantworter*
**contestar** *antworten, beantworten*
**contigo** *mit dir*
**continente** (m) *Kontinent*
**continuamente** *dauernd, unaufhörlich*
**contra** *gegen*
**contrabando** *Schmuggel*
**contradecir** *widersprechen*
**contrario** *gegenteilig, entgegengesetzt, Gegenteil*
**contrato** *Vertrag*
**contribuir** *beitragen*
**control** (m) *Kontrolle,* **- de seguridad** *Sicherheitskontrolle*
**controlar** *kontrollieren*
**convencer** *überreden, überzeugen*
**conveniente** *sinnvoll, adäquat*
**conversación** (f) *Unterhaltung, Gespräch*
**convertirse** *sich verwandeln, zu etwas werden*
**convivencia** *Zusammenleben*
**copa** *Glas (mit Stiel)*
**copia** *Kopie*
**copiar** *abschreiben*
**corazón** (m) *Herz*
**corbata** *Krawatte*
**cordero** *Lamm*
**correa trapezoidal** *Keilriemen*
**corregir** *korrigieren, verbessern, berichtigen*
**correo** *Post*
**correr** *laufen*
**correspondencia** *1. Briefwechsel, Korrespondenz 2. Anschluß*
**corresponder** *entsprechen, übereinstimmen*
**corrida** *Stierkampf*
**corriente** *gewöhnlich, üblich*
**corriente** (f) *1. Strömung, 2. elektr. Strom*
**corrupción** (f) *Korruption*
**cortar** *schneiden*
**corte de pelo** (m) *Haarschnitt*
**cortés** *höflich*
**cortina** *Vorhang*
**corto** *kurz,* **- circuito** *Kurzschluß*
**cosa** *Sache*
**cosecha** *Ernte*
**costa** *Küste*
**costeño** *Küstenbewohner*
**costilla** *Rippe*
**costumbre** (f) *Sitte, Gewohnheit*
**cráneo** *Schädel*
**crecer** *wachsen*
**crédito** *Kredit*
**creer** *glauben*
**crema** *Creme*
**crema catalana** *katalanische Creme*
**cremallera** *Reißverschluß*
**crimen** (m) *Verbrechen*
**crisis** (f) *Krise*
**cristianismo** *Christentum*
**crítica** *Kritik*
**criticar** *kritisieren*
**crítico** *kritisch, Kritiker*
**croissant** (m) *Hörnchen*
**cruce** (m) *Kreuzung*
**crucero** *Kreuzfahrt*
**crudo/a** *roh*
**cruz** *Kreuz,* **- Roja** *Rotes Kreuz*
**cruzar** *kreuzen, überqueren*
**cuaderno** *Heft*
**cuadra** *1. Häuserblock 2. ca. 100 m*
**cuadro** *Gemälde*
**cuál** *welcher*
**cualquier** *irgendein*
**cuándo** *wann*
**cuando** *wenn, als*
**cuánto** *wieviel* **- vale** *was kostet,* **a - están** *wieviel kosten*
**cuarenta** *vierzig*
**cuarto** *1. Viertel, 2. Zimmer,* **- de baño** *Badezimmer,* **- de hora** *Viertelstunde*
**Cuba** *Kuba*
**cubano/a** *kubanisch, Kubaner/in*
**cubata** (m) *Cuba libre*
**cubierto** *Gedeck, Besteck*
**cubo** *1. Würfel 2. Eimer*
**cubrir** *be-, zudecken*
**cuchara** *Löffel*
**cuchillo** *Messer*
**cuello** *1. Hals, 2. Kragen*
**cuenta** *1. Rechnung, 2. Konto*
**cuento** *Erzählung, Märchen*
**cuerda** *Schnur, Leine*
**cuero** *Leder*
**cuerpo** *Körper*
**cuesta** *es kostet*
**cuestión** (f) *Frage*
**cueva** *Höhle*
**cuidado** *Achtung, Vorsicht*
**culo** *Hintern, Arsch*
**culón** *dickarschig, dienstunfähiger Soldat*
**culpa** *Schuld*
**cultura** *Kultur*
**cumbia** (col) *Tanz (Atlantikküste)*
**cumpleaños** *Geburtstag*
**cumplir** *erfüllen*
**cuñado/a** *Schwager/ Schwägerin*
**cura** (m) *Pfarrer, Pfaffe*
**curioso** *neugierig*

**cursillo** *Kurs*
**curso** *Kurs, Lehrgang*
**curva** *Kurve*

## CH

**chabacano** (mex) *Aprikose*
**chal** *Schal*
**chaleco salvavidas** *Schwimmweste*
**chalet** (m) *Villa, Bungalow,*
**- adosado** *Reihenhaus*
**chamaco** (mex) *Junge*
**chamba** (mex) *schlechte Arbeit*
**champán** (m) *Champagner*
**champiñones** (los) *Champignons*
**champú** (m) *Shampoo*
**changa** (arg) *Job, Gelegenheitsarbeit*
**chango** (mex) *Klammeraffe*
**chantaje** (m) *Erpressung*
**chapuza** *Schwarzarbeit*
**chaqueta** *Jacke*
**charla** *Gespräch*
**charlar** *reden*
**charro** (mex) *Cowboy*
**chavo** (mex) *Junge*
**che** (arg) *unübersetzbares Füllwort*
**chelín** (m) *Schilling*
**cheque** (m) *Scheck*
**chévere** (ven) *klasse*
**chicle** (m) *Kaugummi*
**chico/a** *jung, Junge*
**chilango** (mex) *aus Mexico-City*
**Chile** *Chile*
**chileno** *chilenisch*
**chimbo** (col) *gefälscht*
**china** (and) *Hausmädchen*
**chingar** (mex) *schänden, ficken*
**chino** *1. chinesisch, 2.* (ven) *Kind*
**chiva** (col) *offener Bus*
**choclo** *Mais*
**chocolate** (m) *Schokolade*
**chófer** (m) *Fahrer*
**cholo** (and) *Mischling*
**choque** *Zusammenstoß*
**chorizo** *Paprikawurst*
**choza** *Hütte*
**chubasco** *Regenschauer*
**chueco** (chi) *unehrlich*
**chuleta** *Schnitzel*
**chulo** (and) *Halbstarker*
**chusco** (ven) *drollig*
**chuspa** (col) *Plastiktüte*
**chuta** (chi) *verdammt noch mal*

## D

**D.N.I.** (m) **Documento Nacional de Identidad** *Personalausweis*
**daño** *Schaden*
**dar** *geben,*
**- de baja** *krank schreiben,*
**- se cuenta** *bemerken*
**de** *von,* **de... a...** *von... bis ...,* **de nada** *keine Ursache*
**debajo** *unter*
**deber** *schulden, sollen*
**débil** *schwach*
**decidir** *entscheiden, beschließen*
**decidirse a** *sich entschließen zu*
**decir** *sagen*
**decisión** (f) *Entscheidung*
**declarar** *1. erklären, 2. verzollen*
**dedicarse** *sich etwas widmen/zuwenden*
**dedo** *Finger,* **hacer -** *per Anhalter fahren*
**defecto** *Fehler, Defekt*
**defender** *verteidigen*
**defensa** *Verteidigung*
**dejar** *lassen,*
**- en paz** *in Ruhe lassen,*
**- la crema** (chi) *Mist bauen*
**delante** *vor*
**delgado/a** *dünn*
**demanda** *Nachfrage*
**demasiado/a** *zuviel*
**democracia** *Demokratie*
**democratura** *Demokratur (halb Dikta-, halb -kratie)*
**dentista** (m) *Zahnarzt*
**dentro** *innen,*
**- de poco** *bald*
**denuncia** *Klage, Anzeige*
**denunciar** *anzeigen*
**departamento** *Abteil*
**depender** *abhängen, drauf ankommen*
**depilar** *enthaaren*
**deporte** (m) *Sport,*
**- náutico** (m) *Wassersport*
**deportista** (m) *Sportler/in*
**deposición** (f) *Stuhlgang*
**deprimido/a** *deprimiert*
**derecho** *Recht*
**derecho/a** *rechts*
**derrota** *Niederlage*
**desaparecido** *verschwunden*
**desarollo** *Entwicklung*
**desayunar** *frühstücken*
**desayuno** *Frühstück*
**descafeinado** *koffeinfrei*
**descansar** *ausruhen*
**descanso** *Ausruhen, Rast*
**descapotable** *Cabriolet*
**describir** *beschreiben*
**descubrir** *entdecken, aufdecken*
**desde** *seit (Zeitpunkt),*
**- hace** *seit (Zeitdauer)*
**desear** *wünschen*
**desempleo** *Arbeitslosigkeit*
**desigual** *ungleich, verschieden*
**desmayarse** *ohnmächtig werden, Bewußtsein verlieren*
**desnudarse** *sich entkleiden, ausziehen*
**desnudo/a** *nackt*
**desorden** (m) *Unordnung*
**despacho** *Büro,*
**- de billetes** *Fahrkartenschalter*
**despacio** *langsam*
**despegar** *abheben, loslösen*
**despegue** (m) *Abflug, Start*
**despelote** (m) *Durcheinander*
**despertarse** *aufwachen*
**despierto** *wach*
**después** *danach, nach*

**destapador** (m) *Flaschenöffner*
**destinatario/a** *Empfänger/in*
**destino** *1. Ziel, 2. Schicksal*
**destruir** *zerstören*
**desviación** (f) *Umleitung*
**detener** *1. verhaften, 2. zurückhalten*
**detrás** *hinter*
**deuda** *Schuld*
**devolver** *zurückgeben*
**día** (m) *Tag,*
**- libre** *freier Tag*
**diagnóstico** *Diagnose*
**diapositiva** *Dia*
**diariamente** *täglich*
**diarrea** *Durchfall*
**dibujo** *Zeichnung, Zeichnen (als Unterrichtsfach)*
**diccionario** *Wörterbuch*
**dice** *er/sie sagt, Sie sagen*
**diciembre** (m) *Dezember*
**diciendo** *sagend*
**dictadura** *Diktatur*
**diente** (m) *Zahn,*
**- de ajo** *Knoblauchzehe*
**dieta** *Diät*
**diez** *zehn*
**diferencia** *Unterschied*
**diferente** *unterschiedlich*
**difícil** *schwierig*
**dificultad** (f) *Schwierigkeit*
**difteria** *Diphtherie*
**dígame** *sagen Sie mir, Hallo (am Telefon)*
**digestión** (f) *Verdauung*
**dignamente** *in Würde*
**digo** *ich sage*
**dime** *sag mir*
**dinero** *Geld*
**Dios** *Gott,* **por** *- um Gottes willen*
**dirección** (f) *1. Richtung, Adresse, 2. Regie, Leitung,*
**- única** *Einbahnstraße*
**directo** *direkt, unmittelbar*
**director** (m) *1. Direktor, 2.Regisseur*
**dirigirse** *sich hinwenden*
**disc-jokey** (m) *Diskjockey*
**disco** *(Schall-)Platte,*
**- blando** *Diskette,*
**- duro** *Festplatte*
**discoteca** *Diskothek*
**discutir** *diskutieren*
**disfrutar con** *genießen*
**disgusto** *Enttäuschung*
**dislocación** (f) *Verrenkung*
**disminuir** *verringern, vermindern, schrumpfen, abnehmen*
**disposición** (f) *1. Verfügung, Anordnung, 2. Fähigkeit*
**dispuesto a** *bereit zu*
**distancia** *Entfernung*
**distinto** *verschieden, anders*
**distraerse** *sich beschäftigen, sich zerstreuen, sich ablenken*
**divertirse** *sich vergnügen*
**dividir** *(auf)teilen, dividieren*
**divisa** *Devisen*
**divorciarse** *sich scheiden lassen*
**divorcio** *Scheidung*
**doble** (m) *doppelt, Doppelte*
**doce** *zwölf*
**docena** *Dutzend*
**doctor** (m) *Doktor*
**documento** (m) *Dokument*
**dólar** (m) *Dollar*
**doler** *schmerzen*
**dolor** (m) *Schmerz*
**domicilio** *Anschrift*
**domingo** *Sonntag*
**Don, Doña** *Herr, Dame*
**dónde** *wo,*
**donde sea** *wo auch immer*
**dormir** *schlafen*
**dormitorio** *Schlafzimmer*
**droga** *Droge*
**droguería** *Drogerie*
**ducha** *Dusche*
**ducharse** *duschen*
**dueño** *Besitzer*
**dulce** *süß, Süßigkeit*
**durante** *während*
**durazno** *Pfirsich*
**duro** *hart*

## E

**echar** *werfen, rausschmeißen,*
**- una mano** *helfen*
**economía de empresas** *Betriebswirtschaft*
**económico/a** *preiswert*
**edad** (f) *Alter*
**edificio** *Gebäude, Wohnhaus*
**educación** (f) *Erziehung*
**educado** *wohlerzogen*
**efecto** *Wirkung*
**egoísta** *egoistisch, eigensüchtig, Egoist*
**eje** (m) *Achse*
**ejemplo** *Beispiel, Vorbild,*
**por** *- zum Beispiel*
**ejercicio** *Gymnastik*
**ejército** *Armee, Heer*
**el** *der*
**él** *er*
**elección** (f) *(politische) Wahl*
**eléctrico/a** *elektrisch*
**elegir** *(aus)wählen, aussuchen, erwählen*
**ella** *sie (Einzahl, weiblich)*
**ellas** *sie (Mehrzahl, weibl.)*
**ello** *es*
**ellos** *sie (Mehrzahl, männl.)*
**elote** (m, mex) *Maiskolben*
**embajada** *Botschaft*
**embarazada** *schwanger*
**embarazo** *Schwangerschaft*
**embarque** (m) *Einschiffung*
**embotellamiento** *Verkehrsstau*
**embrague** (m) *Kupplung*
**embutido** *Wurst, Aufschnitt*
**emigrante** (m, f) *Auswanderer/in, Emigrant/in*
**emisión** (f) *Sendung, Ausstrahlung*
**emisora** *Rundfunk, TV-Sender*
**empalme** (m) *Anschluß*
**empanada** *Pastete*
**empezar** *anfangen*

**empleado** *Angestellter*
**empresa** *Betrieb, Unternehmen*
**empresario** *Unternehmer*
**empujar** *drücken*
**en** *in,* **- seguida** *sofort*
**enamorado/a** *verliebt, Verliebte/r*
**encantar** *entzücken*
**encargado/a** *zuständiger Sachbearbeiter*
**encargarse** *übernehmen, sorgen für*
**encendedor** (m) *Feuerzeug*
**encender** *anzünden, einschalten, anmachen*
**enchilada** (mex) *gefüllte Tortilla*
**enchufe** (m) *1. Steckdose, 2. Stecker*
**encima** *obendrauf, über*
**encontrar** *finden*
**encuentro** *Begegnung, Treffen*
**ene** (chi) *viele*
**enemigo/a** *Feind, Gegner/in*
**energía** *Energie*
**enero** *Januar*
**enfadarse con** *sich ärgern über*
**enfermedad** (f) *Krankheit*
**enfermera/o** *Krankenschwester/Krankenpfleger*
**enfermo** *krank*
**enfrente** *gegenüber*
**engañar** *täuschen, belügen, hinters Licht führen*
**enlace** (m) *Zubringer, Verbindung*
**enorme** *riesig, enorm*
**ensalada** *Salat*
**enseñar** *zeigen*
**entender** *verstehen*
**enterarse** *in Erfahrung bringen*
**entero/a** *ganz*
**entierro** *Begräbnis*
**entonces** *also*
**entrada** *1. Eingang, 2. Eintritt, -skarte, 3. Vorspeise*
**entrante** (m) *Appetizer*
**entrar** *eintreten, mit der Arbeit beginnen*
**entre** *1. dazwischen, 2. treten Sie ein*
**entregar** *aushändigen*
**entremeses** *Vorspeisen*
**entretanto** *inzwischen, zwischenzeitlich*
**entrevista** *Interview, Unterredung*
**entusiasmado** *begeistert*
**enviar** *schicken, senden*
**envidia** *Neid*
**envolver** *einwickeln, einpacken*
**episodio** *1. Episode, 2. Folge (aus TV-Serie)*
**época** *Epoche*
**equipaje** (m) *Gepäck*
**equitación** (f) *Reitsport*
**equivocado/a** *geirrt, falsch*
**error** (m) *Irrtum, Fehler*
**erupción cutánea** (f) *Ausschlag*
**esa** *jene*
**escala** *Zwischenlandung*
**escalera** *Treppe, Leiter*
**escalope** (m) *Schnitzel*
**escandaloso** *skandalös*
**escapar** *entfliehen*
**escaparate** (m) *Schaufenster*
**escaparse** *entfliehen, entkommen*
**escarlatina** *Scharlach*
**escenario** *Bühne*
**escoger** *(aus)wählen, aussuchen*
**esconder** *verstecken*
**escribir** *schreiben*
**escritor** (m) *Schriftsteller*
**escuchar** *zuhören*
**escuela** *Schule*
**escultor** (m) *Bildhauer*
**ese** *jener, dieser*
**esfuerzo** *Anstrengung*
**espacio** *Raum*
**espaguetis** *Spaghetti*
**espalda** *Rücken*
**español/-a** *spanisch*
**esparadrapo** *(Heft-) Pflaster*
**espárrago** *Spargel*
**espasmo** *Krampf*
**especia** *Gewürz*
**especial** *besonders, spezial*
**espectáculo** *Vorstellung, Veranstaltung, Schauspiel, Spektakel*
**espejo** *Spiegel*
**esperanza** *Hoffnung*
**esperar** *warten, hoffen*
**espina** *1. Fischgräte, 2. Dorn, Stachel*
**esponja** *Schwamm*
**esposo/a** *Gatte/Gattin, Ehemann/-frau*
**esquí** (m) *Ski*
**esquina** *Ecke*
**esquintle** (m, mex) *Baby, Wildschwein*
**esta noche** *heute nacht*
**estación** (f) *Bahnhof, Busbahnhof, Jahreszeit,* **- de servicio** *Tankstelle,* **- de trenes** *Bahnhof*
**estacionamiento** (arg) *Parkplatz*
**estadero** (col) *Ausflugslokal*
**estadio** *Stadion*
**estado** *gewesen,* **- civil** *Familienstand,* **- de carreteras** *Straßenzustand*
**Estado** *Staat*
**estado de emergencia** *Ausnahmezustand*
**Estados Unidos** (los) *Vereinigte Staaten*
**estadounidense** *US-amerikanisch, US-Amerikaner*
**estampilla** *Briefmarke*
**estanco** *Tabakladen*
**estantería** *Regal*
**estar** *sein, sich befinden*
**estar bajonado** *niedergeschlagen sein*
**estatua** *Statue*
**este** *dieser*
**este** (m) *Osten*
**esto** *dies*
**estofado** *Art Gulasch*
**estómago** *Magen*
**estrecho** *eng*
**estrella** *1. Stern, 2. Star*

**estreñimiento** *Verstopfung*
**estropear** *kaputtmachen, beschädigen*
**estudiante** (m, f) *Student/in*
**estudiar** *studieren/lernen*
**estudio** *Studio, Studium*
**estufa** *Ofen*
**estupendo/a** *klasse, großartig*
**eurocheque** (m) *Euroscheck*
**exagerado/a** *übertrieben*
**examen** (m) *Prüfung*
**excelente** *ausgezeichnet, exzellent*
**excepción** (f) *Ausnahme*
**excursión** (f) *Ausflug*
**excusar** *entschuldigen*
**exigir** *verlangen, fordern*
**existencia** *Existenz, Dasein*
**existir** *existieren, sein*
**éxito** *Erfolg*
**exótico** *exotisch*
**expedir** *Brief/Paket aufgeben*
**experiencia** *Erfahrung*
**explicación** (f) *Erklärung*
**explicar** *erklären*
**exposición** (f) *Ausstellung*
**expresión** (f) *Ausdruck*
**expreso** *Eilzug*
**exterior** *äußere(r, s), Äußere*
**extrañar** *sich wundern*
**extraño/a** *fremd, Fremde/r*
**extranjero** *ausländisch, Ausländer*

## F

**fábrica** *Fabrik*
**fachada** *Fassade*
**fácil** *leicht*
**facilidad** (f) *Leichtigkeit*
**factor** (m) *Faktor*
**factura** *Rechnung*
**facultad** (f) *(Uni-)Fakultät*
**falda** *Rock*
**fallar** *fehlen, ausfallen*
**falsificado** *gefälscht*
**falta** *Mangel*, **hacer -** *fehlen*
**faltar** *fehlen*
**fama** *Ruhm*
**familia** *Familie*
**famoso/a** *berühmt*
**fantástico/a** *phantastisch*
**farmacéutico** *Apotheker*
**farmacia** *Apotheke*
**faro** *1. Scheinwerfer, 2. Leuchtturm*
**fatal** *in grauslichem Zustand, fatal*
**favor** (m) *1. Gefallen, Gefälligkeit, 2. Gunst*
**febrero** *Februar*
**fecha** *Datum*, **- de nacimiento** *Geburtsdatum*
**felicidades** (las) *Glückwünsche*
**feliz** *glücklich*
**feo/a** *häßlich*
**ferrocarril** (m) *Eisenbahn*
**ferroviario** *Eisenbahner*
**festival** (m) *Festival*
**festivo** *Feiertag*
**fiar de** *trauen*
**ficha** *Formular, Karteizettel*
**fichero** *Kartei*
**fideo** *Nudel*
**fiebre** (f) *Fieber*, **- del heno** (f) *Heuschnupfen*
**fiesta** *Fest*
**figura** *Gestalt, Figur*
**fijar** *1. festmachen, befestigen 2. festlegen, festsetzen*
**fijo** *fest*
**fila** *Reihe*
**filete** (m) *Filet*
**filtro** *Filter*
**fin** (m) *Ende*, **- de semana** *Wochenende*
**final** (m) *Ende*
**finales, a - de** *Ende ...*
**fino/a** *fein, dünn*
**firma** *Unterschrift*
**firmar** *unterschreiben*
**física** *Physik*
**físico** *1. Physiker, 2. Aussehen*
**flamenco** *Flamenco*
**flan** (m) *Karamelpudding*
**flash** (m) *Blitzlicht*
**flato** *Blähung*
**flauta** *Flöte*
**flor** (f) *Blume*
**florería** *Blumengeschäft*
**flotador** (m) *Schwimmreif*
**flotando** *schwimmend*
**foco** (col) *Glühbirne*
**folleto** *Prospekt*
**fomentar** *ankurbeln, fördern*
**fontanero** *Installateur*
**footing** (m) *Joggen*
**forma** *Form*
**formación** (f) **escolar** *Schulbildung*
**formar** *bilden*
**formidable** *ausgezeichnet, toll*
**fórmula** *Formel*
**fortuna** *Vermögen, Reichtum*
**foto** (f) *Foto*
**fracasar** *scheitern, schiefgehen*
**fracaso** *Reinfall*
**fractura** *Bruch*
**francés** (m) *französisch, Franzose*
**Francia** *Frankreich*
**franco** *Franken*
**franquear** *frankieren*
**franqueo** *Porto*
**frase** (f) *Satz*
**fraude** *(m) Bestechung*
**frecuente** *häufig*
**fregar** *spülen*
**freír** *braten*
**frenar** *bremsen*
**freno** *Bremse*, **- de alarma** *Notbremse*, **- de mano** *Handbremse*
**frente** (f) *Stirn*
**frente** (m) *Front*
**frente a** *gegenüber, vor*
**fresa** *Erdbeere*
**fresco** *frisch*
**fresco** (col) *cool*
**fresón** (m) *Erdbeere*
**frigorífico** *Kühlschrank*
**frío** *kalt*, **hace -** *es ist kalt*
**frito** *gebraten*
**frontera** *Grenze, Grenzübergang*
**fruta** *Obst*

**frutería** *Obsthandlung*
**frutilla** *Erdbeere*
**fruto** *Frucht*
**fuego** *Feuer*
**fuente** (f) *1. Quelle, 2. Brunnen, 3. Schüssel*
**fuera** *draußen, außer Haus*
**fuerte** *1. stark, 2. laut*
**fuerza** *Stärke, Kraft*
**fumar** *rauchen*
**función** (f) *1. Amt, Tätigkeit, 2. Funktion, 3.Vorstellung*
**funcionario** *Beamter*
**fútbol** (m) *Fußball*
**futuro** *Zukunft*

## G

**gabardina** *Regenmantel*
**gachupines** (m, mex) *Spanier*
**gafas** (las) *Brille,*
**- de sol** *Sonnenbrille*
**Galicia** *Galicien*
**gallego/a** *1. galicisch, Galicierlin, 2. (arg:) Spanier*
**galleta** *Keks*
**gallina** *Huhn, Henne*
**gallo** *Hahn*
**gamba** *Krabbe*
**gamín** (m, col) *Straßenjunge in Bogotá*
**gana** *Lust, Laune*
**ganar** *gewinnen*
**ganga** *Schnäppchen*
**garaje** (m) *Garage*
**garantía** *Garantie, Sicherheit*
**garantizar** *garantieren, ver-, zusichern*
**garbanzo** *Kichererbse*
**garganta** *Kehle, innerer Hals*
**gaseosa** *Brauselimonade*
**gasóleo** *Diesel*
**gasolina** *Benzin*
**gasolinera** *Tankstelle*
**gastar** *ausgeben*
**gato** *Katze*
**gazpacho** *kalte Gemüsesuppe*
**general** *1. General, 2. allgemein,* **en -** *oder* **por lo -** *im allgemeinen*
**generoso/a** *großzügig*
**gente** (f) *Leute*
**gerente** (m) *Geschäftsführer*
**gimnasia** *Gymnastik*
**gimnasio** *Fitneß-Center*
**giro** *Überweisung*
**glaciar** *Gletscher*
**glándula** *Drüse*
**gobierno** *Regierung*
**golpe militar** (m) *Militärputsch*
**goma** *1. Gummi, 2.Klebstoff,*
**- de borrar** *Radiergummi*
**gordo (el)** *Haupttreffer*
**gordo/a** *dick*
**gorro** *Mütze*
**gota** *Tropfen*
**grabar** *aufzeichnen, bespielen*
**gracias** *danke*
**gramática** *Grammatik*
**gramo** *Gramm*
**gran parte** *Großteil*
**grande** *groß*
**granizo** *Hagel*
**gratuito/a** *umsonst, kostenlos*
**grave** *schlimm*
**Grecia** *Griechenland*
**griego/a** *griechisch, Grieche/Griechin*
**grifo** *Wasserhahn*
**grill** (col) *Diskothek*
**gripe** (f) *Grippe*
**gris** *grau*
**gritar** *schreien, rufen*
**grito** *Schrei, Ruf*
**grupo** *Gruppe*
**guacamole** (mex) *Avocadocreme*
**guacamotzl** (mex) *halluzinogener Pilzbrei*
**guachimán** (m, col) *Wächter*
**guagua** *1. Baby, 2. Bus*
**guajolote** (mex) *Truthahn*
**guante** (m) *Handschuh*
**guapa/o** *hübsch*
**guardar** *1. behalten, 2. aufbewahren, aufheben*
**guarisnaque** (chi) *schlechter Mensch*
**guate** (m, mex) *Kumpel, Freund*
**guayaba** *tropische Frucht*
**guerilla** *Guerilla*
**güero, güera** (mex) *blond*
**guerra** *Krieg*
**guía** (m, f) *Führerlin,*
**- de teléfono** (f) *Telefonbuch*
**guisante** (m) *Erbse*
**guisar** *kochen*
**guitarra** *Gitarre*
**gusanero** (mex) *halb Wurm, halb Genosse*
**gusano** *Wurm*
**gustar** *gefallen*

## H

**haber** *haben*
**habitación** (f) *Zimmer,*
**- doble** *Doppelzimmer,*
**- individual** *Einzelzimmer*
**habitante** (m, f) *Einwohnerlin*
**hablar** *sprechen*
**hablar paja** (col) *Mist reden*
**hace** *1. erlsie macht, Sie machen, 2. seit*
**hacer** *machen*
**hambre** (m) *Hunger*
**hamburguesa** *Hamburger*
**harina** *Mehl*
**hartarse de** *überdrüssig werden*
**harto/a** *leid/überdrüssig;* (chi) *viel*
**hasta** *bis*
**hay** *es gibt,*
**- que** *man muß*
**hecho** *gemacht*
**helado** *Eis*
**helicóptero** *Hubschrauber*
**hemorragia** *Blutung*
**herida** *Wunde, Verletzung*
**herido** *verletzt*
**herirse** *sich verletzen*
**hermana** *Schwester*
**herramienta** *Werkzeug*

**hielo** *Eis*
**hierba** *Gras*
**hierro** *Eisen*
**hígado** *Leber*
**higiénico/a** *hygienisch*
**higo** *Feige*
**hijo/a** *Sohn/Tochter*
**hijole** (mex) *na so was*
**hincha** *Fußballfan*
**hinchado/a** *geschwollen*
**historia** *Geschichte*
**hoja** *Blatt, Seite*
**hola** *hallo*
**hombre** (m) *Mann*
**hombro** *Schulter*
**honor** (m) *Ehre*
**hora** *Stunde*
**horario** *Stundenplan, Zeitplan*
**horchata** *Erdmandelmilch*
**horno** *Ofen*
**horroroso/a** *gräßlich*
**hospital** (m) *Krankenhaus*
**hostal** (m) *Gasthof*
**hostelería** *Gastronomie*
**hotel** (m) *Hotel*
**hoy** *heute,*
**- día** *heutzutage*
**hubo** *es gab (historisches Perfekt)*
**huelga** *Streik*
**hueso** *1. Knochen, 2. Kern*
**huevo** *Ei,*
**- duro** *hartgekochtes Ei,*
**- frito** *Spiegelei*
**huevón** *Idiot*
**húmedo** *feucht*
**humilde** *bescheiden*
**humor** (m) *Laune*

## I

**ida y vuelta** *Hin- und Rückfahrt*
**idea** *Idee*
**ideal** *ideal*
**idioma** (m) *Sprache*
**idiota** (m) *Idiot*
**iglesia** *Kirche*
**ignorante** *unwissend*
**ignorar** *nicht wissen*
**igual** *egal, gleichgültig, genauso*
**iguana** *Leguan*
**ilusión** (f) *Illusion, Freude*
**imagen** *Bild*
**imaginar** *sich vorstellen*
**imitar** *nachahmen, nachmachen*
**impedir** *(ver)hindern, behindern*
**impermeable** (m) *Regenmantel*
**importante** *wichtig*
**importar** *wichtig sein,*
**no importa** *ist nicht wichtig*
**importe** (m) *Betrag*
**imposible** *unmöglich*
**impresión** (f) *Eindruck*
**impresionar** *beeindrucken*
**impreso** *Formular, Drucksache*
**impresora** *(PC-)Drucker*
**impuesto** *Steuer*
**incluido** *inbegriffen*
**incluso** *sogar*
**inconveniente** *ungünstig*
**increíble** *unglaublich*
**independiente** *unabhängig, selbständig*
**India** *Indien*
**indicar** *hinweisen, angeben, zeigen*
**indicativo** *Indikativ*
**indigestión** (f) *Magenverstimmung*
**industria** *Industrie*
**infarto del miocardio** *Herzinfarkt*
**infección** (f) *Entzündung*
**infeliz** *unglücklich*
**inflación** (f) *Inflation*
**inflamación** (f) *Entzündung*
**influencia** *Einfluß*
**información** (f) *Information*
**informar de** *informieren*
**ingeniería** *Ingenieurwesen*
**ingeniero** *Ingenieur*
**Inglaterra** *England*
**inglés** (m) *englisch, Engländer*
**ingresar** *einzahlen*
**ingresos** *Einkünfte*
**inmediatamente** *sofort, unverzüglich*
**inscribirse** *sich einschreiben*
**inscripción** (f) *Einschreibung*
**insecto** *Insekt*
**inseguridad** (f) *Unsicherheit*
**insolación** (f) *Sonnenbrand, -stich*
**insomnio** *Schlaflosigkeit*
**insoportable** *unerträglich*
**instalador** (m) *Installateur*
**instrucción** (f) *Anleitung*
**instrumento** *Instrument*
**insuficiente** *ungenügend, nicht ausreichend*
**inteligente** *intelligent*
**intención** (f) *Absicht*
**intendente** (m, arg) *Bürgermeister*
**intentar** *versuchen*
**intercambio** *Austausch*
**interés en** (m) *Interesse an*
**interesante** *interessant*
**interesar** *interessieren*
**internacional** *international*
**intérprete** (m) *Dolmetscher*
**interruptor** (m) *Lichtschalter*
**intestino** *Darm*
**intoxicación** (f) *Vergiftung*
**inventar** *erfinden*
**invento** *Erfindung*
**invertir** *einzahlen, investieren*
**invierno** *Winter*
**invitado/a** *eingeladen*
**invitar** *einladen*
**inyección** (f) *Injektion, Spritze*
**ir** *gehen,*
**- en metro** *mit der U-Bahn fahren*
**Irlanda** *Irland*
**irlandés** *irisch, Ire*
**ironía** *Ironie*
**isla** *Insel*
**Italia** *Italien*
**italiano** *italienisch, Italiener*
**itinerario** *Route*
**izquierdo/a** *links*

## J

**jabón** (m) *Seife*
**jamón** (m) *Schinken,*
**- serrano** (m) *roher Schinken,*
**- York** (m) *gekochter Schinken*
**jaqueca** *Migräne*
**jarabe** (m) *Sirup, Hustensaft*
**jardín** (m) *Garten*
**jarra** *Krug*
**jefe** (m) *Chef*
**jersey** (m) *Pullover*
**jitomate** (m, mex) *Tomate*
**joder** *verarschen, Quatsch machen*
**joven** *1. jung, 2. junger Mann, junges Mädchen*
**joya** *Juwel*
**joyería** *Juweliergeschäft*
**jubilado** *Rentner*
**judía** *grüne Bohne*
**judío/a** *jüdisch, Jude/Jüdin*
**juego** *Spiel*
**juerga** *Rambazamba, Fest*
**jueves** *Donnerstag*
**juez** (m) *Richter*
**jugar** *spielen*
**jugo** *Saft,*
**- de manzana** *Apfelsaft,*
**- de naranja** *Orangensaft*
**jugoso/a** *saftig*
**juguete** (m) *Spielzeug*
**julio** *Juli*
**junio** *Juni*
**junta** *1. (mechanisch, nicht poetisch:) Dichtung, 2. (militärisch:) Junta*
**junto** *nahe bei, zusammen*
**jurar** *schwören*
**juventud** (f) *Jugend*

## K

**kilo** *Kilo*
**kilómetro** *Kilometer*
**kinder** (m) *Kindergarten*

## L

**la** *die*
**labio** *Lippe*
**laca** *Haarspray*
**lado** *Seite,* **en todos -** *überall,* **por todos -** *überall*
**ladrón** (m) *Dieb*
**lagarto** *Eidechse*
**lago** *See*
**lágrima** *Träne*
**lámpara** *Lampe*
**lana** *Wolle*
**lancha** *Boot*
**langosta** *Languste*
**lápiz** (m) *Bleistift,*
**- de labios** *Lippenstift*
**largo** *lang*
**las** *die (Mehrzahl),*
**- cinco** *fünf Uhr*
**lata** *Dose*
**Latinoamérica** *Lateinamerika*
**latinoamericano/a** *lateinamerikanisch, Lateinamerikaner/in*
**laurel** (m) *Lorbeer*
**lavabo** *Toilette, Waschbecken*
**lavadora** *Waschmaschine*
**lavandería** *Wäscherei*
**lavar** *waschen*
**laxante** (m) *Abführmittel*
**le** *ihm, ihr, Ihnen*
**leche** (f) *Milch,*
**- del día** *Frischmilch,*
**- solar** *Sonnenmilch*
**lechuga** *Salat*
**leer** *lesen*
**legumbres** (las) *Hülsenfrüchte*
**lejos** *weit entfernt*
**lengua** *Sprache*
**lenguado** *Seezunge*
**lenteja** *Linse (Gemüse)*
**lentes** (los) *Brille*
**lento/a** *langsam*
**letra** *1. Buchstabe, 2. Schrift*
**levantarse** *aufstehen*
**ley** (f) *Gesetz*
**leyendo** *lesend*
**libertad** (f) *Freiheit*
**libre** *frei*
**librería** *Buchhandlung,*
**- de segunda mano** *Antiquariat*
**librero** *Buchhändler*
**libreta de ahorro** *Sparbuch*
**libro** *Buch,*
**- de reclamaciones** *Beschwerdebuch*
**liebre** (f) *Hase*
**lima de uñas** *Nagelfeile*
**límite** (m) **de velocidad** *Geschwindigkeitsbegrenzung*
**limón** (m) *Zitrone*
**limonada** *Limonade*
**limpiar** *saubermachen*
**lindo** *schön*
**líquido/a** *flüssig, Flüssigkeit*
**lista de precios** *Preisliste*
**listo/a** *schlau, bereit*
**litera** *Liegewagen*
**literatura** *Literatur*
**litro** *Liter*
**lo siento** *tut mir leid*
**loco/a** *1. verrückt, Verrückte/r, 2. loca Hure*
**locura** *Verrücktheit*
**locutor** (m) *Radiosprecher*
**lomo** *Filetschnitzel*
**Londres** *London*
**lote** (chi), **al -** *nachlässig, unordentlich*
**lucha** *Kampf*
**luchar** *kämpfen*
**luego** *später*
**lugar** (m) *Ort,*
**- de nacimiento** *Geburtsort,*
**en - de** *anstelle von*
**luna** *Mond*
**lunes** (m) *Montag*
**luxación** (f) *Verrenkung*
**luz** (f) *Licht, Strom*

## Ll

**llamada** *Anruf*
**llamado** (arg) *Anruf*
**llamar** *rufen, anrufen,*
**- la atención** (f) *die Aufmerksamkeit erregen*
**llamarse** *heißen*

**llave** *Schlüssel,*
**- de la luz** *Lichtschalter*
**llegada** *Ankunft*
**llegar** *ankommen*
**lleno** *voll*
**llevar** *bringen, führen,*
**-se** *mitnehmen,*
**-se bien/mal** *gut/schlecht miteinander auskommen*
**llover** *regnen*
**lluvia** *Regen*

## M

**macedonia** *Obstsalat*
**macho** *männlich*
**madalenas** *Biskuitteilchen*
**madera** *Holz*
**madre** (f) *Mutter*
**- a toda** (mex) *ganz klasse*
**maestro** *Meister*
**mafia** *Mafia*
**magro** *mager*
**mal** *schlecht*
**malaria** *Malaria*
**maldito** *verdammt*
**maleta** *Koffer*
**maletero** *Kofferraum*
**malla** (arg) *Badeanzug*
**malo/a** *schlecht, übel*
**mamá** *Mama, Mutti*
**mañana** *morgen*
**- noche** *morgen abend,*
**- por la mañana** *morgen früh*
**mandar** *schicken*
**mandíbula** *Kiefer*
**manera** *Art und Weise,*
**de todas** - *jedenfalls*
**manga** *Ärmel*
**manifestación** (f) *Demonstration, Kundgebung*
**mano** *Hand*
**mantel** (m) *Tischtuch*
**mantequilla** *Butter*
**manzana** *Apfel*
**manzanilla** *Kamillen(tee)*
**mapa** (m) *Land-, Straßenkarte*
**máquina** *Maschine,*
**- de afeitar** *Rasierapparat*
**mar** *Meer*
**maravilla** *Wunder*
**maravilloso/a** *wunderbar*
**marca** *Marke*
**marcar (el número)** *wählen*
**marcha** *Gang*
**marcharse** *weggehen, ziehen*
**marco** *Mark,*
**- alemán** *Deutschmark*
**mareado** *sich übel fühlen, seekrank*
**marearse** *übel werden*
**mareos** (los) *Übelkeit*
**marica, maricón** *schwul*
**marido** *Ehemann*
**marimba** *Musikinstrument*
**marinero** *Matrose, Seemann*
**mariscos** (los) *Meeresfrüchte*
**marrón** *braun*
**martes** (m) *Dienstag*
**martillo** *Hammer*
**marzo** *März*
**más** *mehr,*
**- bien** *eher,*
**- de que** *mehr als,*
**- despacio** *langsamer,*
**- o menos** *mehr oder weniger*
**masa** *Masse, Menge*
**masaje** (m) *Massage*
**masajista** (m) *Masseur*
**matar** *umbringen,*
**- el tiempo** *die Zeit totschlagen*
**matemáticas** (las) *Mathematik*
**matemático** *Mathematiker*
**materia** *Studienfach*
**matrícula** *Einschreibung*
**matrimonio** *Ehepaar,*
**matrimonial** *Ehe-*
**mayo** *Mai*
**mayor** (m, f) *größer, der größere, die größere*
**mayoría** *Mehrheit*
**me gusta** *gefällt mir*
**me gustaría** *ich hätte/würde gerne*
**mear(se)** *pinkeln, in die Hose machen*
**mecánico** *Mechaniker*
**media** *Strumpf*
**media luna** (arg) *Croissant*
**medianoche** (f) *Mitternacht*
**medicina** *Medizin*
**médico** *Arzt*
**medio** *Mittel,*
**- ambiente** *Umwelt*
**medio/a** *halb*
**mediodía** *Mittag*
**medir** *messen*
**Mediterráneo** *Mittelmeer*
**mejicano** *mexikanisch*
**Méjico** *Mexiko*
**mejillón** (m) *Muschel*
**mejor** *besser*
**mejorar** *bessern*
**melocotón** (m) *Pfirsich,*
**- en almíbar** *Pfirsich in Sirup*
**melón** (m) *Melone*
**memoria** *Gedächtnis, Erinnerung*
**menor** *1. weniger, 2. nicht Volljährige/r*
**menos** *weniger*
**por lo** - *wenigstens*
**mensajero** *Bote*
**menstruación** (f) *Menstruation*
**mensual** *monatlich*
**mentir** *(an-, be)lügen*
**mentira** *Lüge*
**menú** (m) *Menü, Speisekarte*
**mercadillo** *Wochenmarkt*
**mercado** *Markt*
**merecer la pena** *die Mühe lohnen*
**merienda** *Vesper, Zwischenmahlzeit*
**merluza** *Seehecht*
**mermelada** *Marmelade*
**mes** (m) *Monat*
**mesa** *Tisch*
**metálico, en** *in bar*
**metate** (m, mex) *Mahlstein*
**meter** *setzen, stellen, legen,*
**- la pata** *ins Fettnäpfchen treten*
**metro** *1. U-Bahn, 2. Meter*
**mezcla** *Mischung*
**mi** *mein/e*
**mí** *mir, mich*
**micro** (arg) *Stadtbus*
**miedo** *Angst*
**miembro** *Mitglied*
**mientras** *während*

**miércoles** (m) *Mittwoch*
**mierda** *Scheiße*
**mil** *Tausend*
**mili** (f) *Militärdienst*
**militar** (m) *militärisch, Soldat*
**mina** (arg) *Mädel, Frau*
**minero** *Bergmann*
**minifalda** *Minirock*
**mínimo** *Minimum*
**minuto** *Minute*
**mío/a** *mein*
**mirar** *(an)sehen, (an)schauen*
**misa** *religiöse Messe*
**miseria** *Elend*
**mismo/a** *selbst, gleich*
**mitad** (f) *Hälfte*
**moda** *Mode,* **de** - *«in»*
**modelo** (f) *Mannequin*
**modista (el/la)** *Damenschneider/in*
**modos, de todos** - *auf alle Fälle*
**mojar** *befeuchten, naß machen*
**mole** (mex) *Schokoladensoße*
**molestar** *stören*
**momento** *Moment*
**monasterio** *Kloster*
**moneda** *Münze*
**monedero** *Brieftasche*
**mono** (m) *1. Affe, 2. Koller*
**mono/a** *hübsch, niedlich*
**monstruo** *Monster*
**montaña** *Gebirge*
**montañismo** *Bergsteigen*
**montar** *1. steigen, 2. Geschäft aufmachen,* **- en bicicleta** *radfahren*
**montón de** (m) *Haufen*
**monumento** *Sehenswürdigkeit*
**morder** *beißen*
**mordida** (mex) *Biß, Bestechungsgeld*
**morena/o** *braun*
**morir** *sterben*
**morral** (ven) *Rucksack*
**mosca** *Fliege*
**mosquito** *(Stech-)Mücke*
**mostaza** *Senf*
**mostrar** *zeigen*
**moto** *Motorrad*
**motor** (m) *Motor*
**mover** *bewegen*
**moverse** *sich bewegen, sich umschauen*
**mozo** *Kellner*
**mucama** (arg) Hausmädchen
**muchacho/a** *der junge Mann/das junge Mädchen*
**muchas gracias** *vielen Dank*
**muchas veces** *oft*
**muchísimo/a** *sehr, sehr viel*
**mucho** *viel,* **hace** - *vor langem*
**mueble** *Möbel*
**muelle** (m) *Mole*
**muerte** (f) *Tod*
**muerto/a** *tot*
**mujer** (f) *Frau*
**multicine** (m) *Minikino*
**multinacional** (f) *Multi*
**mundo** *Welt*
**municipalidad** (f) *Stadtverwaltung*
**muro** *Mauer, Wall*
**músculo** *Muskel*
**música** *Musik*
**muslo** *Schenkel*
**muy** *sehr*

## N

**nacer** *geboren werden*
**nacimiento** *Geburt*
**nacionalidad** (f) *Staatsangehörigkeit*
**naco** (and) *Muttersöhnchen*
**nada** *nichts 2,* **de** - *keine Ursache*
**nadar** *schwimmen*
**nadie** *niemand*
**nafta** (arg) *Benzin*
**naranja** *Orange*
**nariz** *Nase*
**nata** *Sahne*
**natación** (f) *Schwimmen*
**naturaleza** *Natur*
**náusea** *Übelkeit*
**navidad** (f) *Weihnachten*
**necesario/a** *nötig, notwendig*
**necesitar** *brauchen*
**negocio** *Geschäft*
**negro** *1. dunkel, schwarz, 2. Liebling*
**nervio** *Nerv*
**nervioso** *nervös*
**neumático** *Reifen*
**nevar** *schneien*
**nevera** *Kühlschrank*
**ni ... ni ...** *weder ... noch ...*
**niebla** *Nebel*
**nieve** (f) *Schnee*
**ningún/ninguna** *kein/e*
**ninguna forma, de** - *auf keinen Fall*
**ninguna parte** *nirgendwo*
**niño** *Kind,* **- bien** *Kind aus „besserem" Hause*
**nivel** (m) *Niveau*
**no** *nein, nicht*
**noche** (f) *Nacht,* **de** - *nachts,* **por la** - *am späten Abend, nachts*
**nombrar** *benennen*
**nombre** (m) *Namen* **- de pila** (m) *Vorname,* **- de soltera** *Geburtsname, Mädchenname*
**ñoqui** (m) *1. Gnocchi, 2. (arg) Wer einen Job hat, nie hingeht und trotzdem kassiert*
**nórdico** *nordisch*
**norma** *Bestimmung, Norm*
**normal** *normal*
**normalmente** *normalerweise*
**norte** (m) *Norden*
**nos** *uns (Dat. und Akk.)*
**nosotros** *wir*
**notar** *bemerken*
**notario** *Notar*
**novela** *Roman*
**noviembre** (m) *November*
**novio** *Bräutigam, Freund*
**nube** (f) *Wolke*
**nublado** *bewölkt*
**nuboso** *wolkig*
**nuclear** *nuklear, Kern-..., Atom-...*

**nudo** *Knoten*
**nuestro/a** *unser*
**nuevamente** *wieder*
**nuevo/a** *neu*
**número** *Nummer*
**nunca** *nie*

## O

**o** *oder,* **o ... o** *entweder ... oder,* **o sea** *das heißt* -
**obedecer** *gehorchen*
**obligar** *1. zwingen, 2. verpflichten*
**obligatorio/a** *obligatorisch,*
**obra** *Werk, Baustelle*
**obrero** *Arbeiter*
**octubre** (m) *Oktober*
**ocupar** *besetzen*
**ocurrir** *geschehen*
**oeste** (m) *Westen*
**oferta** *Angebot*
**oficina** *Büro, Amt,*
**- de correos** *Postamt,*
**- de teléfonos** *Fernsprechamt*
**oficio** *Beruf*
**ofrecer** *anbieten*
**oído** *Gehör*
**oiga** *hören Sie*
**oír** *hören*
**ojalá** *hoffentlich*
**oler** *riechen*
**olor** (m) *Geruch*
**olvidar** *vergessen*
**omnibús** (m) *Überlandbus*
**ópera** *Oper*
**operación** (f) *Operation*
**opinar** *meinen*
**oportunidad** (f) *Gelegenheit*
**oposición** (f) *Opposition*
**óptico** *Optiker*
**orden** (f) *1. Befehl, 2. (mex) Portion*
**orden** (m) *Ordnung*
**ordenador** (m) *Computer*
**oreja** *Ohr*
**organización** (f) *Organisation*
**organizar** *organisieren, veranstalten*
**oriental** (m) *orientalisch, Orientale*
**original** (m) *originell, echt, Original*
**orilla** *Ufer*
**orina** *Urin*
**oro** *Gold*
**orquesta** *Orchester*
**os** *euch (Dat. und Akk.)*
**oscuro/a** *dunkel*
**ostra** *Auster*
**otoño** *Herbst*
**otra vez** *wieder*
**otro sitio** *anderswo*
**oyente** (m) *Zuhörer*

## P

**paciencia** *Geduld*
**paco** (chi) *Bulle, Polizist*
**padre** (m) *Vater*
**padres** (los) *Eltern*
**paella** *Paella*
**pagar** *zahlen*
**página** *Seite*
**pago** *Zahlung*
**país** (m) *Land*
**paisa** (col) *aus der Kaffeezone*
**paisaje** (m) *Landschaft*
**pájaro** *Vogel*
**pajero** (and) *Wichser*
**palabra** *Wort*
**palacio** *Palast*
**palanca** *1. Hebel, 2. Beziehungen*
**palillo** *Zahnstocher*
**palo** *Stock*
**paloma** *Taube*
**palpitaciones** (las) *Herzklopfen*
**palta** *Avocado*
**pan** (m) *Brot,*
**- integral** *Vollkornbrot*
**panadería** *Bäckerei*
**panadero** *Bäcker*
**panecillo** *Brötchen*
**panificadora** (mex) *Bäckerei*
**paño higiénico** *Damenbinde*
**pantalla** *Bildschirm, Leinwand*
**pantalón** (m) *Hose*
**panty** (m) *Strumpfhose*
**pañuelo** *Taschentuch*
**papá** *Papa, Vati*
**papel** (m) *Papier,*
**- higiénico** *Klopapier*
**papelería** *Schreibwarenladen*
**paquete** (m) *Karton, Päckchen*
**para** *für,*
**- eso** *dafür,*
**- que** *um zu,*
**- qué** *wozu*
**parada** *Haltestelle*
**paraguas** (m) *Regenschirm*
**paraíso** *Paradies*
**parálisis** (f) *Lähmung*
**páramo** (and) *Hochebene*
**parar** *anhalten*
**parecer** *scheinen*
**pared** (f) *Wand*
**pareja** *Pärchen*
**paro** *Arbeitslosigkeit*
**parque** (m) *Park*
**parrilla** (arg) *Grill*
**parte** (f) *Teil, Anteil,*
**en ninguna** - *nirgends*
**partida** *1. Partie, Spiel, 2. Aufbruch*
**partido** *Partei*
**partir la cara** *verdreschen*
**partir, a - de** *ab*
**pasado** *passiert*
**pasaje** (m) *Ticket, Fahrkarte*
**pasaporte** (m) *Paß*
**pasar** *durchgehen*
**paseo** *Spaziergang*
**pasillo** *Flur*
**pasión** (f) *Leidenschaft, Passion*
**paso** *1. Durchfahrt, 2. Schritt,* **de** - *im Vorübergehen*
**pasta** *Teig,*
**- de dientes** *Zahnpasta*
**pastel** (m) *Süßigkeit*
**pastelería** *Konditorei*
**pastelero** *Konditor*
**pastilla** *Tablette*
**patatas** *Kartoffeln,* **patatas fritas** *Pommes frites*
**patético** *pathetisch*

**patinar** *rollschuh- und eislaufen*
**patio** *Hof*
**patria** *Vaterland, Heimat(land)*
**patrón** (m) *Chef*
**paz** (f) *Friede*
**peaje** (m) *Mautstelle*
**peatón** (m) *Fußgänger*
**pecho** *Brust*
**pedir** *bitten, verlangen*
**pedir cacao** (col) *um Hilfe bitten*
**pegar** *1. schlagen, 2. (auf-, an)kleben*
**peinado** *Frisur*
**peinar** *kämmen*
**peine** (m) *Kamm*
**pelea** *Kampf, Streit, Rauferei*
**película** *Film*
**peligro** *Gefahr*
**peligroso** *gefährlich*
**pelo** *Haar*
**peluca** *Perücke*
**peluquería** *Friseursalon*
**peluquero** *Friseur*
**pena** *Leid*
**pendejo** 1. *Arschloch,* 2. (arg) *Junge, Greenhorn*
**península** *Halbinsel*
**pensamiento** *Gedanke, Denken*
**pensar** *denken*
**pensión** (f) *Pension*
**peor** *schlimmer*
**pepino** *Gurke*
**pequeño** *klein*
**pera** *Birne*
**perder** *verlieren*
**pérdida** *Verlust*
**perdido** *verloren*
**perdón** (m) *Entschuldigung*
**perdonar** *entschuldigen*
**perdone** *entschuldigen Sie*
**perejil** (m) *Petersilie*
**perfectamente** *perfekt*
**perfume** (m) *Parfüm*
**periódico** *Zeitung*
**periodista** (m) *Journalist*
**permanente** *dauernd*
**permanente** (f) *Dauerwelle*
**permiso** *Erlaubnis,*
**- de conducir** *Fahrerlaubnis, Führerschein*
**permitir** *erlauben*
**pero** *aber*
**perro** *Hund*
**persona** *Person*
**personal** (m) *Personal, Belegschaft*
**personalmente** *persönlich*
**perspectiva** *Aussicht, Perspektive*
**pertenecer** *gehören*
**Perú** (m) *Peru*
**pesado** *schwer*
**pesar** *wiegen*
**pesca** *Fischerei, Fischen, Angeln*
**pescadería** *Fischgeschäft*
**pescado** *Fisch*
**pescador** (m) *Fischer*
**pescar** *fischen, angeln*
**pesero** (mex) *Kollektivtaxi*
**peseta** *Pesete*
**pésimo** *schlechtest*
**peso** *Gewicht*
**pez** (m) *Fisch*
**piano** *Klavier*
**picante** *pikant, scharf*
**picaflor** (m) *1. Kolibri, 2. Schürzenjäger*
**picar** *stechen*
**pie** (m) *Fuß*
**piel** (f) *Haut*
**pierna** *Bein*
**pieza** *Stück, Teil*
**pijama** (m) *Pyjama*
**pila** *1. Batterie, 2. ein Haufen ...*
**pilar** *Säule*
**píldora anticonceptiva** *Antibabypille*
**piloto** *Pilot*
**pimentón** (m) *Paprikapulver*
**pimienta** *Pfeffer*
**pimiento** *Paprika*
**piña** *Ananas*
**pinche** (mex) *scheiß*
**pingüino** *Pinguin*
**pinta** (chi), **a la -** *gut angezogen*
**pintar** *malen*
**pintor** (m) *Maler*
**pipa** *Sonnenblumenkern*
**pisar** *treten*
**piscina** *Schwimmbad*
**piso** *Wohnung, Etage,*
**- compartido** *Wohngemeinschaft*
**pista de tennis** *Tennisplatz*
**pistola** *Pistole*
**pitufos** *Schlümpfe*
**pizarra** *Tafel*
**placa** *Kennzeichen*
**plaga** *Plage*
**plan** (m) *Plan*
**planchar** *bügeln*
**plano de la ciudad** (m) *Stadtplan*
**planta** *1. Ebene, Stock (-werk), 2. Pflanze, 3. Fußsohle,*
**- baja** *Erdgeschoß*
**plantearse** *sich vornehmen*
**plástico explosivo** *Plastiksprengstoff*
**plata** *Silber, Geld*
**plátano** *Banane*
**platicar** (mex) *plaudern*
**plato** *1. Teller, 2. Gang,*
**- del día** *Tagesgericht,*
**plato fuerte** *Hauptgang*
**playa** *Strand*
**playa de estacionamiento** *Parkplatz*
**plaza** *Platz,*
**- de toros** *Stierkampfarena*
**pleno** *voll*
**plomo** *Blei*
**pluma** *1. Feder, 2. Schreibfeder, Füllfederhalter*
**plural** (m) *Plural*
**pobre** *arm*
**pobreza** *Armut*
**poco** *wenig,* **por -** *fast, beinahe*
**poder** *1. können, 2. Macht*
**poeta** (m) *Dichter*
**policía** *Polizei*
**política** *Politik*
**político/a** *politisch, Politiker/in*
**pollo** *Huhn,*
**- asado** *Brathähnchen*
**polvo** *Staub*
**pomada** *Salbe*

**poner** *setzen, stellen, legen,*
- **con** *verbinden mit,*
-**se moreno/a** *braun werden*
**popular** *populär*
**poquito** *ein bißchen,*
- **a poco** *nach und nach*
**por** *durch,* - **eso** *deswegen,*
- **favor** *bitte,* - **fin** *endlich,*
- **supuesto** *selbstverständlich*
**porque** *weil*
**portada** *Titelblatt*
**portamaletas** (m) *Kofferraum*
**portarse bien** *sich ordentlich benehmen*
**portería** *Fußballtor*
**portero** *1. der Mann an der Rezeption, Hausmeister, 2. Torwart*
**porvenir** *Zukunft*
**posible** *möglich*
**posición** (f) *Position, Lage, Stellung*
**postal** (f) *Postkarte*
**postre** (m) *Nachtisch*
**potaje** (m) *Suppeneintopf*
**pozo** *1. Brunnen, 2. Schlagloch*
**practicar** *1. praktizieren, ausüben, betreiben, 2. üben*
**precaución** (f) *Vorsicht*
**precio** *Preis*
**precipitaciones** (las) *Niederschlag*
**precisamente** *genau*
**preferir** *vorziehen*
**prefijo** *Vorwahl*
**pregunta** *Frage*
**preguntar** *fragen*
**prensa** *Presse*
**preocupación** (f) *Sorge*
**preocuparse** *sich sorgen, sich kümmern um*
**preparar** *vorbereiten*
**preparativo** *Vorbereitung*
**presencia** *Präsenz, Anwesenheit, Gegenwart*
**presentarse** *sich vorstellen*
**presente** *anwesend, gegenwärtig*
**preservativo** *Präservativ*
**presión** (f) *Druck,*
- **atmosférica** *Luftdruck,*
- **de la sangre** *Blutdruck*
**prestar** *leihen*
**presupuesto** *1. Etat (Haushaltsgeld), 2. Kostenvoranschlag*
**primavera** *Frühling*
**primer/a** *erste / r*
**primera hora** *frühmorgens*
**primera, de -** *erstklassig*
**primeramente** *zuerst*
**primero** *zuerst*
**principal** *hauptsächlich*
**príncipe** (m) *Prinz*
**principiante** (m, f) *Anfänger/in*
**principio** *Anfang*
**prisa** *Eile*
**prisión** (f) *Gefängnis*
**probador** (m) *Anprobekabine*
**probar** *an-, probieren*
**problema** (m) *Problem,*
**no hay** - *kein Problem*
**producción** (f) *Produktion*
**producir** *produzieren*
**producto** *Produkt, Erzeugnis*
**profesión** (f) *Beruf*
**profesional** (m) *Profi, professionell*
**profesor** (m) *Lehrer, Professor*
**programa** (m) *(Computer-) Programm*
**progreso** *Fortschritt*
**prohibido** *verboten*
**prohibir** *verbieten*
**prometer** *versprechen*
**pronto** *bald,* **de** - *plötzlich*
**propaganda** *Werbung, Reklame, Propaganda*
**propia** *eigen*
**propiedad** (f) *Eigentum*
**propietario** *Eigentümer*
**propina** *Trinkgeld*
**proponerse** *sich vornehmen, planen*
**proporcionar** *besorgen*
**propósito, a -** *übrigens, apropos*
**prostitución** (f) *Prostitution*
**prostituta** *Prostituierte*
**proteger** *schützen*
**protestante** *Protestant*
**protestar** *protestieren*
**provincia** *Provinz*
**provocar** *provozieren*
**próximo/a** *nächste(r, s), Nächster*
**prueba** *Beweis*
**psicología** *Psychologie*
**publicidad** (f) *Werbung*
**público** *öffentlich*
**puchero** *Eintopf*
**pueblo** *Dorf*
**puede ser** *möglich, kann sein*
**puente** (m) *1. Brücke, 2. verlängertes Wochenende*
**puerros** *Lauch*
**puerta** *Tür*
**puerto** *Hafen*
**pues** *also, dann*
**puesto de trabajo** *Arbeitsplatz*
**pulpo** *Tintenfisch*
**punto** *Punkt,*
- **de vista** *Gesichtspunkt,*
**en** - *Punkt ... Uhr,*
**hacer** - *stricken*
**puro** (m) *1. rein, 2. Zigarre*
**pus** (m) *Eiter*
**puta** *Hure*
- **de madre** *bärenstark, affengeil*

## Q

**que** *daß*
**qué** *was,* - **hay** *hallo,*
- **pasa** *hallo, was ist los?*
- **tal** *hallo, wie geht's*
**qué padre** (mex) *toll*
**quedar** *bleiben, übrig sein,*
- **con/en** *sich verabreden mit, verbleiben*
**quejarse** *sich beschweren, sich beklagen*
**quemado/a** *angebrannt*
**quemadura** *Verbrennung*
**quemar** *verbrennen*
**querer** *wollen, lieben*
**queso** *Käse*

**quién** *wer*
**quilombo** (arg) *Lärm, Streit*
**química** *Chemie*
**quinientas** *fünfhundert*
**quinto** *fünfter*
**quitar** *wegnehmen, -gehen, ausmachen*

## R

**R.F.A. (República Federal de Alemania)** *Bundesrepublik Deutschland*
**rabo** *Schwanz*
**ración** (f) *Portion*
**radio** *Radio*
**radioactivo** *radioaktiv*
**radiografía** *Röntgenbild*
**rallado/a** *gerieben*
**rama** *Zweig*
**ramo** *1. Ast, 2. Blumenstrauß*
**rapidísimo** *sehr schnell*
**rápido** *1. schnell, 2. Schnellzug*
**raqueta** *Sportschläger*
**raro/a** *seltsam*
**rascarse** *1. sich kratzen, 2. (arg) faulenzen*
**rato** *Weile*
**ratón** (m) *Maus*
**rayo** *Strahl, Blitz(strahl)*
**raza** *Rasse*
**razón** (f) *Grund, Verstand*
**real** *real, wirklich*
**realidad** *Realität, Wirklichkeit*
**rebaja** *Ermäßigung, (Preis-)Nachlaß*
**rebanada** *Brotscheibe*
**recado** *1. Nachricht, Bescheid, 2. Auftrag, Bestellung*
**recepción** (f) *Rezeption, Anmeldung*
**receptor** (m) *Hörer*
**receta** *Rezept*
**recetar** *verschreiben*
**recibir** *erhalten*
**recibo** *Quittung*
**recién** *neu, frisch, soeben erst*
**recital** (m) *Konzert*
**reclamación** (f) *Reklamation, Beanstandung, Beschwerde*
**reclamar** *reklamieren, beanstanden*
**recoger** *aufsammeln*
**recogida** *Leerung*
**recomendar** *empfehlen*
**reconocer** *erkennen*
**recordar** *sich erinnern (an)*
**recorrer** *bereisen*
**recorrido** *Rundfahrt*
**recuerdo** *Erinnerung, Souvenir*
**red** *Netz*
**reducción** (f) *Ermäßigung*
**reducir** *1. herabsetzen, vermindern, 2. beschränken, begrenzen*
**referirse** *sich beziehen auf*
**reforma** *Reform*
**refresco** *Erfrischungsgetränk*
**regalar** *schenken*
**regalo** *Geschenk*
**regatear** *handeln*
**régimen** (m) *1. Regime, Regierungsform, 2. Diät*
**región** (f) *Region, Gebiet, Gegend*
**regresar** *zurückkehren*
**regreso** *Rückkehr*
**regular** *regelmäßig*
**reina** *Königin*
**reír(se)** *lachen*
**relación** (f) *Verhältnis*
**relajante** *beruhigend*
**religión** (f) *Religion*
**relleno/a** *gefüllt, die Füllung*
**reloj** (m) *Uhr*
**remedio** *Mittel*
**remitente** (m) *Absender*
**reparación** (f) *Reparatur*
**reparar** *reparieren*
**repartir** *verteilen*
**repetir** *wiederholen*
**reportaje** (m) *Reportage, Bericht*
**república** *Republik*
**reserva** *1. Reservierung, 2. Auslese*
**reservar** *reservieren*
**resfriado** *Erkältung*
**resguardo** *Quittung*
**residencia** *Gästehaus*
**resolver** *lösen*
**respeto** *Respekt*
**respirar** *atmen*
**responder** *antworten*
**responsable** (m) *verantwortlich, Verantwortlicher*
**respuesta** *Antwort*
**restaurant** (m) *Restaurant*
**resto** *Rest*
**resultado** *Ergebnis, Resultat*
**retirar** *zurücknehmen, abheben*
**retraso** *Verspätung*
**reuma** (m) *Rheuma*
**reunión** (f) *Versammlung, Treffen, Sitzung*
**reunirse** *sich treffen*
**revisor** (m) *Kontrolleur*
**revista** *Zeitschrift*
**revolución** (f) *Revolution*
**rey** (m) *König*
**rico/a** *1. reich, 2. schmackhaft*
**ridículo/a** *lächerlich*
**riesgo** *Risiko*, **a todo -** *Vollkasko*
**riñón** (m) *Niere*
**río** *Fluß*
**riqueza** *Reichtum*
**rizo** *Locke*
**robar** *stehlen*
**robo** *Raub, Diebstahl*
**roca** *Felsen*
**rodaja** *Scheibe*
**rodilla** *Knie*
**rojo/a** *rot*
**rollo** *Kram, Ding*
**romper** *kaputtmachen, zerbrechen*
**ronco** *heiser*
**ronda** *Ringstraße*
**ropa** *Kleidung*
**roto/a** *kaputt*
**rotulador** (m) *Stift*
**rubio** *1. blond, 2. hell (Bier, Tabak)*
**rueda** *Rad*
**ruido** *Lärm*
**rumba** (col) *Tanz*

## S

**sábado** (m) *Samstag*
**sábana** *(Bett-)Laken*
**saber** *wissen*
**sabor** (m) *Geschmack*
**sabroso/a** *schmackhaft*
**sacacorchos** (m) *Korkenzieher*
**sacar** *ziehen, heraus-* **- el billete/boleto** *Fahrkarte lösen*
**saco** *Sack, Seesack*
**sal** (f) *Salz*
**sala de espera** *Wartesaal*
**salario** *Lohn*
**salchicha** *Würstchen*
**salida** *Ausgang, Abfahrt, Ausfahrt,* **- de emergencia** *Notausgang*
**salir** *ausgehen, rausgehen, abfahren,* **- del puerto** *auslaufen (Schiff),*
**salmón** (m) *Lachs*
**salmonete** (m) *Meerbarbe*
**salón** (m) *Wohnzimmer*
**salsa** *Soße*
**saltar** *springen*
**salteña** *Empanada*
**salud** (f) *Gesundheit*
**saludar** *grüßen*
**saludo** *Gruß*
**salvar** *retten*
**sangrar** *bluten*
**sangre** (f) *Blut*
**sangría** *Sangria*
**sano/a** *gesund*
**sapo** *Frosch*
**sarampión** (m) *Masern*
**sardina** *Sardine*
**sartén** (f) *Bratpfanne*
**sastre** (m) *Herrenschneider*
**satisfacer** *zufriedenstellen, befriedigen*
**sazonar** *würzen*
**sé** *ich weiß*
**secador** (m) *Fön, Trockner*
**secar** *trocknen*
**sección** (f) **de señora** *Damenabteilung*
**seco/a** *trocken*
**secreto/a** *geheim*
**secuestrar** *entführen*
**secuestro** *Entführung*
**seda** *Seide*
**seguida, en -** *sofort*
**seguir** *folgen*
**según** *gemäß, nach*
**segundo/a** *zweite/r*
**seguramente** *sicher*
**seguridad** (f) *Sicherheit,* **- social** *Sozial-Versicherung*
**seguro** *Versicherung*
**seguro/a** *sicher*
**sello** *Briefmarke*
**semáforo** *Ampel*
**semana** *Woche,* **- santa** *Karwoche,* **por -** *pro Woche*
**semanario** *Wochenendbeilage*
**semi-seco** *halbtrocken*
**señal** *Zeichen,* **- de tráfico** *Verkehrszeichen*
**señas** (las) *Adresse*
**sencillo** *einfach, schlicht*
**señor** (m) *Herr*
**señora** *Dame*
**señorita** *Fräulein*
**sensación** (f) *Empfindung*
**sentarse en** *sich setzen*
**sentido** *1. Sinn (Tast-, Geruchs-...), 2. Bedeutung, 3. Richtung*
**sentimiento** *Gefühl*
**sentir** *fühlen*
**septiembre** (m) *September*
**ser** *sein*
**serio, en -** *ernsthaft*
**serrano** *Bergbewohner*
**servicio** *1. Dienst, 2. Toilette,* **- de remolque** *Abschleppdienst,* **- médico urgente** *notärztlicher Dienst*
**servilleta** *Serviette*
**servir** *servieren*
**setecientas** *siebenhundert*
**setenta** *siebzig*
**sexo** *Geschlecht*
**sexto** *sechster*
**si** *falls,* **si no** *andernfalls*
**sí** *ja*
**sicario** (col) *Killer*
**sicólogo** *Psychologe*
**sida** *Aids*
**sido** *gewesen*
**siempre** *immer*
**sierra** *Gebirge*
**siesta** *Mittagsschläfchen*
**siglo** *Jahrhundert*
**significar** *bedeuten*
**siguiente** *folgend, nächste*
**silencio** *Stille*
**silla** *Stuhl*
**sillón** (m) *Sessel*
**simpático/a** *sympathisch*
**simplemente** *einfach*
**sin** *ohne,* **- embargo** *dennoch*
**sinagoga** *Synagoge*
**sincero/a** *ehrlich, wahrhaftig, aufrichtig*
**sindicato** *Gewerkschaft*
**síntoma** (m) *Symptom*
**sinvergüenza** (m) *unverschämter Lümmel*
**siquiatra** (m) *Psychiater*
**sistema** (m) *System*
**sitio** *Ort, Platz*
**situación** (f) *Situation*
**sobra, de -** *im Überfluß*
**sobre** *über, auf*
**sobre** (m) *Briefumschlag*
**sobrino** *Neffe*
**social** *sozial, gesellschaftlich*
**socialismo** *Sozialismus*
**socialista** (m) *sozialistisch, Sozialist*
**sociedad** (f) *Gesellschaft*
**socio** *Mitglied, Teilhaber*
**socorro** *Hilfe*
**soda** *Soda*
**sofá** *Couch, Sofa*
**sol** (m) *Sonne*
**solamente** *nur, bloß*
**solario** *Sonnenbank*
**soldado** *Soldat*
**soler hacer** *zu tun pflegen*
**sólo** *nur* **solo/a** *allein*
**solomillo** *Filetstück*
**soltar** *loslassen*
**soltero/a** *ledig, Ledige/r*
**solución** (f) *Lösung*
**solucionar** *lösen*
**sombra** *Schatten*
**sombrero** *Hut*
**sombrilla** *Sonnenschirm*

**somnífero** *Schlafmittel*
**sonar** *klingeln*
**soñar** *träumen*
**sonido** *Ton, Klang*
**sonreír** *(an)lächeln*
**sopa** *Suppe*
**soportar** *ertragen*
**sorpresa** *Überraschung*
**soso/a** *fade*
**sospecha** *Verdacht*
**sostén** *Büstenhalter*
**sótano** *Keller*
**spray** (m) *Spray*
**su** *sein, ihr, Ihr*
**subida** *Aufstieg*
**subir** *einsteigen, hochgehen*
**subsidio** *Sozialhilfe*
**subte** (m, arg) *U-Bahn*
**suceder** *1. geschehen, passieren, 2. folgen*
**sucio/a** *schmutzig, dreckig*
**sucursal** (f) *Filiale*
**sudar** *schwitzen*
**sudor** (m) *Schweiß*
**suegro/a** *Schwiegervater, -mutter*
**suegros** (los) *Schwiegereltern*
**suela** *Sohle*
**sueldo** *Gehalt*
**suelo** *Boden*
**suerte** (f) *Glück*
**suficiente** *genügend, ausreichend*
**sufrir** *(er)leiden*
**Suiza** *Schweiz*
**suizo/a** *schweizerisch, Schweizer*
**sujetador** (m) *Büstenhalter*
**suma** *Summe, Betrag*
**super** (and) *toll*
**superar** *überwinden*
**superficie** (f) *Oberfläche*
**superior** *obere(-r,-s), Ober...*
**supermercado** *Supermarkt*
**suplemento** *Zusatz, Zuschlag*
**supositorio** *Zäpfchen*
**sur** (m) *Süden*
**sustantivo** *Substantiv*
**sustituir** *ersetzen*
**susto** *Schreck*
**suyo/a** *sein, ihr, Ihr*

## T

**tabaco** *Tabak*
**taberna** (col) *Tanzlokal*
**tabla de surf** *Surfbrett*
**tablero** *Schwarzes Brett*
**tablón** (m) *Schwarzes Brett*
**tacita** *Täßchen*
**taco** *Schimpfwort*
**taco** (mex) *frittierte Tortilla*
**tajada** *Fleischscheibe*
**tal** *so*, **- vez** *vielleicht*
**talla** *Größe*
**taller** *Werkstatt*,
**- de coches** *Reparaturwerkstatt*
**tamaño** *Größe, Format*
**también** *auch*
**tampoco** *auch nicht*
**tampón** *Tampon*
**tan** *so*
**tanto/a** *soviel/e*
**tapadera** *Zudecke*
**tapar** *be-, zudecken*
**taquilla** *Schalter*
**tardar** *brauchen bis*
**tarde** *spät*
**tarde** (f) *Nachmittag*
**tarifa** *Tarif*
**tarjeta** *Karte*,
**- de crédito** *Kreditkarte*
**tarta helada** *Eistorte*
**taxi** (m) *Taxi*
**taxímetro** *Zähluhr im Taxi*
**taza** *Tasse*
**té** (m) *Tee*
**teatro** *Theater*
**tebeo** *Comic*
**techo** *Decke, Dach*
**teclado** *Tastatur*
**técnica** *Technik*
**técnico/a** *technisch*
**tecolote** (m, mex) *Eule*
**tejado** *Dach*
**tele** (f) *Fernsehen*
**telediario** *Tagesschau*
**telefonear** *telefonieren*
**teléfono (público)** *Telefon (öffentlich)*
**telegrama** (m) *Telegramm*
**televisión** (f) *Fernsehen*
**tema** *Thema*
**temblar** *zittern*
**temer** *fürchten*
**temperatura** *Temperatur*
**tempestad** (f) *Unwetter*
**templado** *mäßig warm*
**temporada** *1. Saison, 2. Zeitraum*
**temprano** *früh*
**tenaz** (col) *schwierig*
**tenedor** (m) *Gabel*
**tener** *haben*,
**- en cuenta** *berücksichtigen*,
**- fondos** *gedeckt sein (Scheck)*,
**- que** *müssen*
**tenis** (m) *Tennis*
**tensión** (f) *Blutdruck*
**tercer/-a** *dritte/r*
**Tercer Mundo** (m) *Dritte Welt*
**terminado** *beendet, fertig*
**terminal** (m, f) *Busbahnhof*
**terminar** *beenden, aufhören zu*
**termómetro** *Thermometer*
**ternera** *Kalbfleisch*
**terraza** *Terrasse*
**terreno** *Gelände, Grundstück*
**terrible** *schrecklich*
**terror** (m) *Terror, Schrecken*
**terrorismo** *Terrorismus*
**terrorista** *terroristisch, Terrorist*
**tesoro** *Schatz*
**testigo** *Zeuge*
**tétano** *Tetanus*
**tetera** *Teekanne*
**texto** *Text*
**tía** *Tante*
**ticket** (m) *Ticket*
**tiempo** *Zeit*
**tiempo, a -** *rechtzeitig*
**tienda** *Geschäft*,
**- de campaña** *Zelt*,
**- de comestibles** *Lebensmittelgeschäft*
**tierno** *zart*
**tierra** *Erde, Land*,
**- del Fuego** *Feuerland*
**tifus** (m) *Typhus*
**tigre** *Puma*

**tijeras** (las) *Schere*
**timbre** (*m*) *Klingel, Briefmarke*
**tímido** *schüchtern*
**tímpano** *Trommelfell*
**tinta** *Tinte*
**tintorería** *Reinigung*
**tío** *Onkel*
**típico/a** *typisch*
**tipo** *Typ*
**tirar** *werfen, schießen*
**tirita** *Pflaster*
**tiro** *Schuß,*
(chi) **al -** *sofort*
**título** *1. Titel, 2. Überschrift*
**tlapalería** (mex) *Eisenwarenladen*
**tlatlotl** (mex) *der Dritte*
**toalla** *Handtuch,*
**- higiénica** *Damenbinde*
**tobillo** *Knöchel*
**tocar** *spielen*
**tocarle a uno/a** *an der Reihe sein*
**todavía** *noch*
**todo, todo/a** *alles, ganz,*
**- derecho** *geradeaus,*
**- el mundo** *jedermann, die ganze Welt*
**tolerante** *tolerant*
**tomar** *nehmen,*
**- el pelo** *auf den Arm nehmen, verscheißern*
**tomate** (m) *Tomate*
**tono** *Ton*
**tonterías** *Dummheiten*
**tonto/a** *dumm*
**topes** (m, mex) *Fahrbahnschwellen*
**toque de queda** (m) *Ausgangssperre*
**torcer** *abbiegen*
**tormenta** *Gewitter*
**tornillo** *Schraube*
**toro** *Stier*
**torre** (f) *Turm*
**tortilla** *Omelette, Eierkuchen,* (mex) *Maisfladen*
**tortura** *Folter*
**tos** (f) *Husten*
**tostada** *Toast*
**tostada** (mex) *gebratene Tortilla*
**tostado** *geröstet*
**total** *1. ganz, völlig, 2. kurz gesagt*
**totalmente** *völlig, vollständig*
**trabajador** (m) *fleißig, Arbeiter*
**trabajar** *arbeiten*
**trabajo** *Arbeit*
**tradición** (f) *Tradition*
**traducir** *übersetzen*
**traductor** (m) *Übersetzer*
**traer** *bringen*
**tráfico** *Verkehr*
**trago** *Drink*
**traje** (m) *Anzug,*
**- de baño** (m) *Badeanzug*
**trampa** *Falle*
**tranquilamente** *ruhig*
**tranquilizante** (m) *Beruhigungsmittel*
**tranquilo/a** *ruhig*
**transfusión de sangre** (f) *Bluttransfusion*
**transistor** (m) *Kofferradio*
**transporte** (m) *Transportmittel*
**tranvía** (m) *Vorortzug, Straßenbahn*
**trapo** *Lappen*
**traqueto** (col) *Mafiaangehöriger*
**tras** *hinter, nach*
**traslado** *Transfer*
**tratamiento médico** *ärztliche Behandlung*
**tratar** *behandeln*
**tratar de** *versuchen zu*
**tregua** *Waffenstillstand*
**tremendo/a** *fürchterlich*
**tren** (m) *Zug,*
**- de cercanías** *Nahverkehrszug,*
**- de largo recorrido** *Fernzug*
**tres** *drei,*
**- cuartos** *drei Viertel*
**tribunal** (m) *Gericht*
**tripulación** (f) *Besatzung, Mannschaft*
**triste** *traurig*
**troca** (mex) *Lastwagen*
**tropezar** *stolpern, stoßen... auf, treffen*
**trozo** *Stück*
**trucha** *Forelle*
**trueno** *Donner*
**tu** *dein* **tú** *du*
**tubo de escape** *Auspuff*
**tumba** *Grab*
**tumor** (m) *Geschwulst*
**túnel** (m) *Tunnel*
**turco/a** 1. *türkisch, Türke, 2. (arg.) Araber*
**turismo** *Tourismus*
**turista** (m) *Tourist*
**turístico** *touristisch*
**turno** *Reihe, Schicht*
**tuyo/a** *dein*

## U

**úlcera** *(Magen)Geschwür*
**últimamente** *in letzter Zeit*
**último/a** *letzte/r*
**un** *ein* **una** *eine*
**únicamente** *einzig, allein, bloß*
**único** *einmalig*
**unidad** (f) *Einheit*
**universidad** (f) *Universität*
**unos/unas** *einige*
**urgencia** *Dringlichkeit, Erste Hilfe*
**urgente** *dringend*
**usar** *gebrauchen, benützen, verwenden*
**uso** *Gebrauch, Verwendung*
**usted** *Sie*
**útil** *nützlich*
**utilizar** *gebrauchen*
**uva** *Traube*

## V

**vaca** *Kuh*
**vacaciones** (las) *Urlaub, Ferien*
**vaciar** *leeren*
**vacío** **1.** *leer, 2. (arg) Stück vom Rind*
**vacunar** *impfen*
**vagabundo** *Vagabund*
**vago/a** *faul*

**vagón restaurante** (m) *Speisewagen*
**vainilla** *Vanille*
**vale** *okay, in Ordnung, gebongt*
**valer** *wert sein*
**válido/a** *gültig*
**valiente** *mutig, tapfer*
**valija** (arg) *Koffer*
**valle** (m) *Tal*
**válvula** *Ventil*
**vamos** *gehen wir*
**vanguardia** *Avantgarde*
**vapor** (m) *Dampf*
**vaqueros** (los) *1. Cowboys, 2. Bluejeans*
**variar** *abwechseln*
**vasco/a** *baskisch, Baske*
**vaso** *Glas*
**veces, a -** *manchmal*
**vecino/a** *Nachbar*
**vegetariano/a** *Vegetarier*
**vejez** (f) *hohes Alter*
**vejiga** *Blase*
**ven** *komm*
**vena** *Ader*
**vencer** *(be)siegen*
**vendar** *verbinden (med.)*
**vender** *verkaufen*
**venezolano** *venezolanisch*
**Venezuela** *Venezuela*
**venga** *kommen Sie, komm schon, Mann*
**venido** *gekommen*
**venir** *kommen*
**venta** *Verkauf*
**ventana** *Fenster*
**ventanilla** *Fenster*
**ver** *sehen,* **a -** *mal sehen*
**verano** *Sommer*
**verbo** *Verb*
**verdad** (f) *Wahrheit,*
**de -** *wirklich*
**verdadero** *wirklich*
**verde** *grün*
**verdulería** *Gemüseladen*
**verdura** *Gemüse*
**vereda** (arg) *Bürgersteig*
**verraco** (col) *großartig*
**vestido** *Kleid*
**vestirse** *sich anziehen*
**veterinario** *Tierarzt*
**vez** (f) *Mal,* **de - en cuando** *hin und wieder*
**vía** (m) *Gleis*
**viajar** *reisen*
**viaje** (m) *Reise*
**viajero/a** *Reisender*
**víctima** *Opfer*
**victoria** *Sieg*
**vida** *Leben*
**video** *Video*
**videoclub** (m) *Videothek*
**viejo/a** *alt, Alter/Alte*
**viento** *Wind*
**vientre** (m) *Bauch*
**viernes** (m) *Freitag*
**vinagre** (m) *Essig*
**vino** *Wein,*
**- blanco** *Weißwein,*
**- rosado** *Rosé,*
**- tinto** *Rotwein*
**violento/a** *1. heftig, 2. gewalttätig*
**violín** (m) *Geige*
**virtud** (f) *Tugend*
**viruela** *Pocken*
**visado** *Visum*
**visita** *Besuch, Besichtigung*
**visitar** *besuchen*
**vista** *Sicht, Blick,*
**- al mar** *Meeresblick*
**vistazo** *(flüchtiger) Blick*
**visto** *gesehen*
**viudo/a** *Witwe/r*
**vivir** *leben*
**vivo/a** *1. lebendig, lebend, 2. lebhaft, 3. gerissen, aufgeweckt*
**vocabulario** *Wortschatz*
**volante** (m) *Lenkrad*
**volar** *fliegen*
**volver** *zurückkommen,*
**- a** *wieder ... tun,*
**-se loco/a** *verrückt werden*
**vomitar** *erbrechen*
**vómitos** (los) *Brechreiz*
**vosotros** *ihr (2. Person, Mehrzahl)*
**votar** *(ab)stimmen, wählen*
**voy** *1. ich gehe/fahre, 2. ich komme*
**voz** (f) *Stimme*
**vuelo** *Flug,*
**- internacional** *Auslandsflug,*
**- nacional** *Inlandsflug*
**vuelta** *1. Spaziergang, Bummel, Runde, 2. Rückkehr, Rückreise, 3. Wechselgeld*
**vuelvo** *ich komme zurück*
**vuestro/a** *euer*

## W//Y/Z

**W.C.** (m) *WC*
**y** *und*
**ya** *schon,*
**- está** *es reicht!,*
**- no** *nicht mehr,*
**- voy** *ich komme schon*
**yo** *ich*
**yo que sé** *keine Ahnung*
**yogur** *Joghurt*
**zanahoria** *Karotte*
**zapatería** *Schuhgeschäft*
**zapatero/a** *Schuhmacher/in*
**zapatilla** *Pantoffel, Hausschuhe*
**zapato** *Schuh*
**zócalo** (mex) *Hauptplatz*
**zona** *Zone,*
**- peatonal** *Fußgängerzone,*
**- periférica** *Randzone*
**zopilote** (m, mex) *Geier*
**zorro** *der Fuchs*

# SOS

## Das Allerwichtigste für alle Fälle

**Achtung:**
z, ce und ci spricht sich wie ein scharfes **s**
j wie ein **ch** in lachen, h wird gar nicht gesprochen.

| | |
|---|---|
| **bitte** | *por favor* [por fabor] |
| **danke** | *gracias* [graßias] |

| | |
|---|---|
| **ja** | *sí* [sii] |
| **nein** | *no* [no] |

| | |
|---|---|
| **ich verstehe nicht** | *no entiendo* [no entjendo] |
| **langsam, bitte** | *despacio, por favor* [despaßio, por fabor] |
| **ich spreche kein Spanisch** | *no hablo castellano* [no ablo kas-teyano] |
| **sprechen Sie Deutsch?** | *¿habla alemán?* [abla alemann] |
| **sprechen Sie Englisch?** | *¿habla inglés?* [abla ingless] |

| | |
|---|---|
| **Guten Tag** | *buenos días* [buennos di-ass] |
| **auf Wiedersehen** | *adiós* [adjoss] |
| **vielen Dank** | *muchas gracias* [mutschass graßias] |

| | |
|---|---|
| **Polizei** | *policía* [polißi-a] |
| **Unfall** | *accidente* [ak-ßidente] |
| **Feuer** | *fuego* [fuego] |
| **Diebstahl** | *robo* [rrobo] |
| **Überfall** | *asalto* [assal-to] |
| **Ausgangssperre** | *toque de queda* [tocke de keda] |

| | |
|---|---|
| **Arzt** | *médico* [mediko] |
| **krank** | *enfermo* [enfermo] |
| **Krankenhaus** | *hospital* [ospitall] |
| **Apotheke** | *farmacia* [farmaßia] |

| | |
|---|---|
| **wann?** | *¿cuándo?* [kwando] |
| **wo?** | *¿dónde?* [donndä] |
| **wie?** | *¿cómo?* [kohmo] |
| **wieviel?** | *¿cuánto?* [kwanto] |

| | |
|---|---|
| **Flughafen** | *aeropuerto* [a-eropu-erto] |
| **Bahnhof** | *estación* [es-taßionn] |
| **Busbahnhof** | *terminal de autobuses* [ter-minal de autobusses] |
| **Bank** | *banco [banko]* |
| **Wechselstube** | *casa de cambio* [kaßa de kambio] |
| **Hotel** | *hotel* [otell] |
| **Taxi** | *taxi* [taksi] |
| **Bus** | *bus* [buss] |
| **U-Bahn** | *metro* [metro] |
| **Stadtplan** | *mapa* [mappa] |
| **Touristenbüro** | *oficina de turismo* [offi-ßina de turismo] |

| | |
|---|---|
| **haben Sie ...?** | *¿tiene ...?* [tjene] |
| **gibt es ...?** | *¿hay ...?* [aii] |
| **ich habe kein Geld** | *no tengo dinero* [no tengo dinero] |
| **wo ist die Toilette?** | *¿dónde está el baño?* [donndä essta el bannjo] |

## *Überflieger*

Die «Überflieger» sind der Einstieg für alle, denen ein ganzes Lehrbuch zu langweilig und ein Sprachführer zu wörterbuchhaft ist. Schon in wenigen Tagen kann man damit die notwendigen Grundkenntnisse erwerben, um sich in einem fremden Land zu verständigen. Damit Urlaub und Geschäftsreise nicht nur sprachlich ein voller Erfolg werden, gibt es außerdem praktische Tips zu Kultur und Alltag.

Uwe Kreisel/Pamela Ann Tabbert
**American Slang in letzter Minute**
(Buch: rororo 9623, Buch mit Cassette: rororo 9624, Cassette: rororo 9705)

Hanne Schönig/Hatem Lahmar
**Arabisch in letzter Minute**
(Buch: rororo 9541, Buch mit Cassette: rororo 9542, Cassette: rororo 9700 )

Christof Kehr
**Spanisch in letzter Minute**
(Buch: rororo 9526, Buch mit Cassette: rororo 9527, Cassette: rororo 9701 )

Isabelle Jue/Nicole Zimmermann
**Französisch in letzter Minute**
(Buch: rororo 9628, Buch mit Cassette: rororo 9629, Cassette: rororo 9702)

Frida Bordon/Giuseppe Siciliano
**Italienisch in letzter Minute**
(Buch: rororo 9626, Buch mit Cassette: rororo 9627, Cassette: rororo 9703)

Iain Galbraith/Paul Krieger
**Englisch in letzter Minute**
(Buch: rororo 9630, Buch mit Cassette: rororo 9631, Cassette: rororo 9704)

Elisabeth Völpel
**Portugiesisch in letzter Minute**
(Buch: rororo 9686, Buch mit Cassette: rororo 9687, Cassette: rororo 9736)

Dorothee Bernhardt
**Russisch in letzter Minute**
(Buch: rororo 9797, Buch mit Cassette: rororo 9799, Cassette: rororo 9798)

## *rororo sprachen*

*rororo sprachen* wird herausgegeben von Ludwig Moos. Ein Gesamtverzeichnis der Reihe finden Sie in der *Rowohlt Revue*. Jedes Vierteljahr neu. Kostenlos in Ihrer Buchhandlung.

## rororo sprachen

### Spanisch und Italienisch

Ein Sprachkurs von Anfang an. Der Zugang zu Spanien und Lateinamerika.

Christof Kehr / Ana Rodríguez Lebrón
**Español Uno** *Spanisch reden und verstehen. Ein Grundkurs*
(rororo sprachen 8793)
**Español Uno** *Toncassette*
(rororo sprachen 8794)

**Español Dos** *Spanisch reden und verstehen. Ein Aufbaukurs*
(rororo sprachen 8845)
**Español Dos** *Der Schlüssel zu den spanischen Redewendungen*
(rororo sprachen 8846)

**Dichos y Frases** *Toncassette*
(rororo sprachen 9373)

Die Sprachbücher von *Senzaparole* stützen sich auf die lebendigen Erfahrungen aus dem Sprachunterricht. Anhand von Dialogen, Gesprächen und Erzählungen lernen Sie den italienischen Alltag kennen:

Senzaparole
**Partire per l'Italia**
*Italienischkurs für Anfänger*
(rororo sprachen 8795)
**Partire per l'Italia** *Toncassette*
(rororo sprachen 8796)

**Finalmente in Italia**
*Italienischkurs für wenig und weiter Fortgeschrittene*
(rororo sprachen 8471)
**Finalmente in Italia** *Toncassette*
(rororo sprachen 8472)

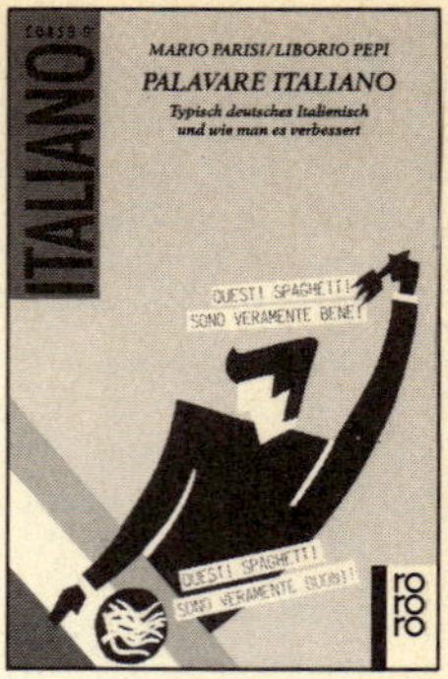


Hardy Brackmann / Liborio Pepi
**Senza Parole** *Die Körpersprache der Italiener*
(rororo sprachen 8868)

Mario Parisi / Liborio Pepi
**Palavare Italiano?** *Typisch deutsches Italienisch und wie man es verbessert*
(rororo sprachen 9178)

Italienisch alltagsnah und von Anfang an. Für das Lernen allein oder in der Gruppe.

Jutta J. Eckes / Franco A. M. Belgiorno
**Italiano Uno** *Italienisch reden und verstehen. Ein Grundkurs*
(rororo sprachen 9144)
**Italiano Uno** *Toncassette*
(rororo sachbuch 9143)

Jutta J. Eckes / Daniela Concialdi
**Italiano Due** *Italienisch reden und verstehen. Ein Aufbaukurs*
(rororo sprachen 9517)
**Italiano Due** *Toncassette*
(rororo sprachen 9518)

3452/3